현명한 적립투자,

자금 시작해도 늦지 않습니다

홍춘욱

이코노미스트
홍춘욱

투자에도
순서가 있다

이코노미스트
홍춘욱

투자에도 순서가 있다

The Best
Investment in Order

홍춘욱 지음

RHK
알에이치코리아

종잣돈을 모을 때까지
저축만 해야 한다?

제가 이 책을 쓰게 된 것은 큰아들 채훈이가 대학에 입학한 후 갑자기 "아버지, 투자를 시작하려면 1억 원은 있어야 한다는데, 어떻게 생각하세요?"라고 질문했기 때문입니다. 부동산에 주로 투자하는 사람에게 이런 이야기를 들었겠거니 하고 넘겼는데, "자산이 10억 원 미만이면 종목에 올인all-in해서 승부를 봐야 한다던데요?"라는 이야기까지 하기에 결국 책을 한 권 써야겠다는 다짐을 하게 되었죠.

물론 완전히 틀린 이야기는 아닙니다. 하지만 자산의 종류가 꼭 부동산밖에 없는 것도 아닌데, 주식이나 채권 그리고 금과 같은 상품이 장기간 아주 좋은 성과를 기록했다는 것을 무시하는 사람들이 많다는 느낌이 들었습니다. 나아가 현시점 한국의 아파트 투자가 과거에 비해 매우 뛰어난 성과를 거둔 것은 분명한 사실이나, 자본금과 정보력이 부족한 젊은이들이 부동산에 온 자산을 베팅하기는 어렵다는 면도 고려해야 할 것입니다.

　어떤 이는 단독주택(특히 다가구주택) 매매나 경매 투자 시 비교적 소액으로도 투자가 가능하다고 이야기합니다. 맞는 말일 수도 있습니다. 그러나 아파트와 비교해 단독주택 매매에는 두 가지 문제가 있습니다. 하나는 아파트는 비교가 가능한 집이 즐비한 반면, 단독주택은 그렇지 않아서 매매하기 전 그 지역에 관한 많은 공부가 필요하다는 것입니다. 또 하나 재개발을 노리는 투자라면, 부동산 제도의 갑작스러운 변화도 문제입니다. 가장 대표적인 예로 뉴타운 해제를 들 수 있습니다. 서울시 의회의 보고서에 따르면, 2012년 뉴타운(재개발 촉진 지구) 해제가 시행된 이후 아파트 공급이 약

25만 가구나 감소했다고 합니다.[1] 노후한 단독주택을 매입해서 새 아파트 입주권을 받게 되리라 기대했던 이들은 정책 변화로 큰 당혹감을 느꼈겠지요.

부동산 경매는 어떤가요? 경매 낙찰가율이 100%를 넘어서는 호황기에 경매를 통해 집을 구입했다가 재매각에 실패하거나 혹은 공실이 발생해 곤경에 처한 이들의 사례도 꼭 살펴볼 필요가 있습니다. 여기서 낙찰가율이란, 감정평가사들이 "10억 원으로 평가됩니다"라고 판단한 집이 실제로 얼마에 낙찰되었는지를 측정한 것입니다. 2021년 9월에는 전국의 아파트 경매 낙찰가율이 무려 107.6%에 달했는데, 이는 10억 원으로 감정평가된 집이 10억 7,600만 원에 낙찰되었다는 이야기입니다.[2] 저는 시장이 뜨겁게 달아올라 버블 위험이 강조될 때 굳이 부동산에 투자할 이유는 없다고 봅니다. 따라서 종잣돈이 모일 때까지 저축하라는 조언은 일리에 맞지 않으며, 오히려 사회초년생일 때부터 꾸준히 투자를 해야 합니다.

여기서 한 가지 더 조언하자면, '특정 종목에 올인'하는 투자 또한 재개발 지역의 주택 구입처럼 위험을 지니고 있다는 것을 잊지 말라는 것입니다. 우리가 아무리 공부한다 해도 때때로 닥치는 외부 충격을 예측할 방법이 없기 때문이죠. 가장 대표적인 사례가 '아이파크'라는 브랜드로 잘 알려진 HDC현대산업개발(294870)입니다. 그런데, 이 회사의 주가는 지난 1년간 48% 폭락했습니다(2022년 3월 말 기준). 광주광역시 화정동에서 발생한 건물 붕괴사고 여파로 수많은 사람이 죽거나 다쳤고, 앞으로 기업 경영에 큰 차질이 생길 것이라는 우려가 커졌기 때문입니다. 그럼 우리는 어떻게 투자해야 할까요? 나아가 종잣돈이 충분하지 않더라도 가능한 투자법에는 어떤 것이 있을까요?

앞서 밝혔듯 이 책은 이제 막 대학에 들어간 20대 아들의 질문으로 시작되었지만, 이후로 개인 유튜브와 여러 채널에서 만난 다양한 나이대의 사람들이 제게 던져준 많은 질문 덕분에 완성될 수 있었습니다. 이러한 이유로 저는 이 책에서 가상의 질문자를 설정하고 그가 묻고 제가 그 질문에 답변하는, '문답 형식'으로 책을 구성했습니다.

1부에서는 20대를 위한 투자 방법을 설명합니다. 투자의 기초를 잡아주는 것은 물론, 아주 단순한 형태의 '적립투자 기법'을 소개할 것입니다. 2부는 30대를 위한 투자 전략인데, 단순한 형태에서 한발 더 나아가 '투자 3분법'을 소개합니다. 불과 세 개의 자산에 나눠 투자하는 것만으로도 얼마나 큰 성과를 올릴 수 있는지 놀라게 될 것입니다. 3부는 40대를 위한 투자 방법을 소개합니다. 주식과 채권 위주의 전략에서 벗어나, 주식과 채권, 부동산을 모두 아우르는 '탈무드 투자법'을 소개합니다.

마지막 4부에서는 50대 이상의 사람들을 위한 전략을 소개합니다. 인플레이션^{inflation}에 맞서 어떻게 노후를 설계할 것인지 그리고 매년 어느 정도의 돈을 인출하는 게 좋은지 찬찬히 살펴볼 것입니다. 노후 생활비는 물론 자녀에게 재산 상속까지 가능한 다양한 투자 전략을 담았습니다. 투자법과 전략을 나이대별로 소개했지만, 투자를 시작하려는 나이가 몇 살이든 이 같은 '투자의 순서'를 참고한다면 효과적인 자산 관리에 도움이 되리라 생각합니다. 부디 이 책을 통해 많은 이가 막연한 불안을 벗어 던지고 인생을 즐겼으면 하는 바람을 가져봅니다.

　　자, 이제 시작하겠습니다.

2022년 7월

홍춘욱

차례

2 30대를 위한 투자법: 투자 3분법

3 40대를 위한 투자법: 탈무드 투자법

The Best
Investment in Order

4 50대를 위한 투자법:
투자 4분법

1부

20대를 위한 투자법: 반반 적립투자

예전 모 유튜브 채널에 출연했을 때, "만약 박사님이 30세로 돌아간다면 어떻게 투자하고 싶으세요?"라는 질문을 받았습니다. 그때 저는 "제가 30세로 돌아간다면, 달러로 저축하면서 경매 공부를 하겠습니다"라고 대답했지요. 그렇다면, 20대는 어떻게 투자해야 할까요? 1부는 이 질문에 답하는 과정에서 만들어졌습니다. 경매 등 부동산 투자의 난도를 고려해 '반반 적립투자'라는 아주 단순한 전략을 소개하고자 합니다. 이 전략에 따라 매년 일정액을 저축하듯 투자한다면, 큰 어려움 없이 종잣돈을 모을 수 있습니다. 천릿길도 한 걸음부터! 여러분의 투자는 이미 성공의 길에 접어든 셈입니다.

01

투자는
어떻게 시작해야 할까요?

박사님, 종잣돈 없이도 투자를 할 수 있다니 반갑기도 하고, 한편으로는 또 고민도 됩니다. 대학에 들어간 후 아르바이트로 돈을 꽤 모았는데, 어떻게 할지 고민스러워요. 어떻게 굴려야 할까요?

개별 종목 투자? 참 쉽지 않습니다

성년이 되면 명절에 받는 용돈 단위가 달라집니다. 대학 입학을 축하한다며 외삼촌이나 고모, 이모가 이전에 보기 힘들었던 큰돈을 주니까 말입니다. 용돈에 아르바이트 등으로 모은 돈까지 합한다면, 꽤 큰돈이 될 수 있습니다. 이 돈을 어떻게 굴려야 할까요?

마음에 드는 종목 하나를 골라서 '올인'하는 것도 방법이긴 합니다만, 여기에는 두 가지 문제가 있습니다. 첫 번째는 외부 충격이죠. 대주주가 갑자기 지배력을 높이기 위해 기업의 합병 혹은 사업부 분리를 선택한다면, 기존 주주는 큰 위험에 처할 수밖에 없습니다. 가장 대표적인 예가 참치캔으로 유명한 동원산업의 합병 사례가 될 것입니다.[1]

두 번째는 정보력의 격차입니다. 동원산업의 합병 정보 같은 이른바 '내부자 정보'를 말하려는 게 아니라, 각 산업에 대한 정보력을 뜻합니다. 제 경험담을 풀어 보자면, 2008년 해운업계에서 30년 가까이 근무한 고객이 은행을 방문했습니다. 그는 저에게 "해운 운임 지수를 매도하는 상품에 투자하고 싶은데, 방법을 알 수 있을까요?"라고 자문을 구하더군요.[2] 해운 운임 지수란, 철광석이나 석탄 등 주요 원자재를 싣고 다니는 배를 빌리는 데 드는 비용을 측정한 것으로 발틱 운임 지수^{BDI, Baltic Dry Index}가 대표적입니다.[3]

다음 그림은 1985년 이후 BDI의 흐름을 보여주는데, 2008년에 1만 2천 p를 넘은 이후 90% 이상 폭락한 것을 발견할 수 있습니다. 시간이 지난 후, 저는 "대체 어떻게 했길래 BDI를 최고점 근처에서 매도할 수 있었는지" 그 고객에게 물었습니다. 그는 다음과 같이 답하더군요.

"그 정도의 운송료를 치르고는 대부분의 기업이 이익을 낼 수 없어요. 대기업들은 몰라도 중소기업들은 아예 수출을 포기할 수 있다고

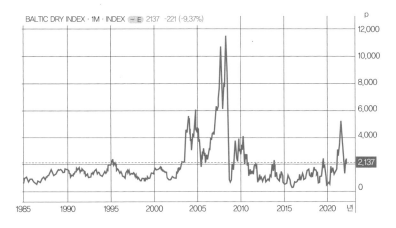

BALTIC DRY INDEX · 1M · INDEX ⊟ E 2137 -221 (-9.37%)

p
12,000
10,000
8,000
6,000
4,000
2,137
0

1985 1990 1995 2000 2005 2010 2015 2020 년

※ Trading Economics.

생각했습니다."

중소기업들이 수출을 포기할 정도의 상황이라면, 점차 배가 남
아돌 테니 운임이 떨어질 것이라는 게 그의 예측 논리였습니다. 물
론 그가 BDI를 매도한 후에 한 차례 더 상승이 있었지만, 그는 흔
들리지 않더군요. 그리고 얼마 후 그는 파이어^{FIRE, Financial Independence}
^{Retire Early}족이 되는 데 성공했습니다. 투자에 성공한 후 회사를 그
만두고 좋아하는 공부를 시작하며 저에게 통계 프로그램 사용법

을 배우던 모습이 지금도 선합니다.

산업에 대한 이해도를 높이는 두 가지 방법

산업에 대해 이해도를 높이는 방법에는 여러 가지가 있습니다. 가장 좋은 것은 자신이 일하는 분야에 집중해 투자하는 것입니다. 제게는 이게 보험업, 정확하게는 손해보험업에 대한 투자였습니다. 금융업계에 몸을 담다 보니, 보험산업에 대한 이해가 높아졌던 것이죠. 참고로 저는 보험사에서 일한 적은 한 번도 없습니다만, 업계의 흐름을 좌우하는 요인에 대해 조금씩 알게 된 것입니다. 즉, 경기가 좋아지고 금리가 상승할 때는 손해보험회사 주식을 매입하고, 금리가 내려가고 경기 전망이 악화될 때는 차익을 실현하는 식으로 투자했습니다. 이게 가능했던 이유는 손해보험회사들이 경기와 금리의 변화에 민감하기 때문이었습니다.[4] 불황에는 손해율, 다시 말해 보험 가입자들이 사고 혹은 질병 등으로 인해 보험료를 청구한 것과 보험료 사이의 비율이 높아집니다.[5] 반대로 호황에는 보유하고 있는 운용자산의 성과가 개선되고, 손해율도 개선될 가능성이 크죠.

자신이 일하는 분야가 주식시장과 별다른 연결고리가 없다고 판단되면, 투자하고 싶은 산업에 대한 정보를 모으는 것도 방법입니다. 예를 들어, 반도체 산업에 대한 정보가 필요하면, 저는 반도체 애널리스트들이 쓴 책을 읽어봅니다. 여덟 개의 주요 반도체 공정과 한국 기업의 경쟁력, 더 나아가 연관된 세계 반도체 회사의 상황을 한 번에 알 수 있기 때문이죠. 이 밖에 산업연구원에서 나온 반도체 산업에 대한 분석보고서도 즐겨 봅니다. 물론 한국거래소에 방문해 애널리스트의 분석보고서도 참고하고요. 이런 식으로 꾸준히 공부해 간다면, 반도체 산업의 격렬한 경기사이클도 이해하고, 또 국면별로 어떤 산업에 투자하는 것이 더 나은지를 파악할 안목을 키울 수 있으리라고 봅니다. 물론 이게 쉬운 일은 아닙니다만, 이 정도의 연구도 없이 무작정 투자했을 때의 위험을 생각한다면, 감내할 수 있는 부분이라고 생각합니다.

- **애널리스트의 보고서 읽는 법**

저는 주가나 환율 그리고 금리 같은 핵심적인 경제지표를 분석하는 일을 담당하는 이코노미스트였기에, 애널리스트들의 세계에 관해 통달했다고 보기는 어렵습니다. 다만 수년간 리서치 팀장으로 일했고, 여러 자산운용사와 국민연금에서 직접 돈을 운용한 경험에 기반해 애널리스트가 보고서를 읽는 방법에 대해 조언을 드리고자 합니다.

첫 번째로는 애널리스트가 발간한 여러 자료 중에서 가장 주목할 것은 '산업 분석' 보고서라고 봅니다. 예를 들어, 자동차 산업이라면 산업의 전반적인 경기부터 국제적인 경쟁의 양상 그리고 전기차를 비롯한 신제품에 대한 분석이 여기에 포함됩니다. 이 덕분에 투자자는 산업 전체에 대한 그림을 그릴 수있고, 또 미래에 영향을 미치는 핵심적인 요인을 파악할 수 있게 됩니다. 물론한 명이 쓴 보고서만 읽으면 안 되고, 다른 이들이 쓴 보고서도 읽으면서 교차 검증해도 좋을 것 같습니다.

두 번째 팁은 '목표 주가' 혹은 '매수 추천' 여부에 너무 신경 쓰지 말라는 것입니다. 애널리스트들이 기업을 분석할 때, '매수 추천'을 하는 게 일반적이기때문이죠.[6] 다시 말해, 보고서에 쓰지 않은 기업들은 매수 추천하지 않는다는 셈입니다. 반면 보고서에 자주 소개되는 기업은 애널리스트가 관심을 가지고, 적극적으로 매수 추천하는 기업이라고 볼 수도 있습니다. 그렇다면 기업분석 보고서는 볼 필요가 없을까요? 그렇지는 않습니다. 기업분석 보고서에 실린 실적 전망의 변화 방향이 중요하기 때문입니다. 예를 들어, '목표 주가'는 그대로 두었는데 올해의 실적 전망이 하향 조정되었다면, 이는 부정적신호로 볼 수 있죠.

마지막 팁은 애널리스트의 보고서를 찾아볼 수 있는 곳에 대한 것인데, 저는주로 한경컨센서스와 한국거래소의 애널리스트 분석 보고서를 즐겨 찾습니다. 둘 다 편리하게 이용할 수 있으니 많이 활용해 보세요.

우량주에 장기투자? 매우 어려운 길입니다

일반적으로 산업에 대한 지식이 부족하고, 기업분석 보고서에실린 회계 장부를 분석하는 데 질린 분들에게는 '우량주 장기투자'가 종종 대안으로 제시됩니다. 그러나, 이게 참 만만찮습니다. 왜냐

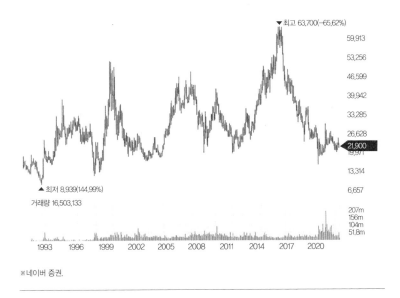

▼최고 63,700(-65.62%)

59,913

53,256

46,599

39,942

33,285

26,628

21,900

19,971

13,314

6,657

▲최저 8,939(144,99%)

거래량 16,503,133

207m
156m
104m
51.8m

1993 1996 1999 2002 2005 2008 2011 2014 2017 2020

※네이버 증권.

하면 우량주를 무슨 수로 정의할 것이냐는 질문에 답하기가 어렵기 때문이죠.

이는 삼성전자처럼 대형주에 투자하는 전략이라고 볼 수 있는데, 이것도 그리 쉽지 않습니다. 1990년대부터 최근까지 연도별 시가총액 상위종목의 구성을 살펴보면, 30위 이상의 대형주 지위를 꾸준히 누린 회사는 한국전력공사와 삼성전자 그리고 포스코 등 극히 일부에 불과했기 때문입니다.[7] 특히 1980년대 후반부터 10년 이상 시가총액 1위의 자리를 지켰던 한국전력공사(015760)의 장기 주가 흐름은 많은 것을 시사합니다. 30년 동안 주가가 꼼짝도 못 했고, 심지어 2021년에는 사상 최악의 실적을 기록했으니 주주들이 얼마나 큰 고통을 겪었을지 짐작도 되지 않습니다.[8]

결국 한국에서 우량주 장기투자의 성공사례는 삼성전자(005930) 하나뿐이라고 해도 과언이 아닙니다. 특히 2000년 이후 시가총액 2위 기업들의 주가 흐름을 보면, "우량주 하나 골라 장기투자하면 된다"라는 주장이 얼마나 덧없는 것인지를 느끼게 합니다.[9] 예를 들어, 2000년 시가총액 2위 기업은 SK텔레콤(017670)이었는데, 2022년 3월 말 SK텔레콤의 시가총액 순위는 26위입니다. 2015년 시가총액 2위 기업 현대차(005380)의 현재 순위는 9등으로 내려앉았죠.

좋게 이야기하면 역동적이고, 나쁘게 이야기하면 예측이 어려운 시장이라고 하겠습니다. 물론 특별한 운을 타고난 이들은 우량주에 장기투자해 큰 성과를 낼 수 있겠지만, 그렇지 않은 이들은 다른 대안을 찾는 게 나을 것 같습니다.

우량주를 고점에 팔고, 저점에 사는 방법은 없을까요?

확실한 방법은 없습니다만, 여기에 도움 되는 것이 몇 가지 있습니다. 가장 대표적인 고점 신호는 업종 내 신규 상장 기업이 늘어나고, '장기호황'에 대한 이야기들이 나오는 것입니다. 이런 때에는 투자에 신중을 기할 필요가 있습니다. 왜냐하면 새로 상장하는 기업들은 투자자들에게 자금을 조달해 설비를 늘리거나 혹은 인재를 뽑으려 할 가능성이 크고, 이는 곧 경쟁자들의 성장을 뜻할 것이기 때문입니다. 게다가 장기호황 전망이 강조될 때, 새로운 경쟁자들이 산업에 뛰어들 수도 있습니다. 2020~2021년에 게임이나 2차 전지 그리고 인터넷 분야에 수많은 기업의 상장이 잇따랐는데, 이 기업들의 주가가 2022년 대체로 부진한 것이 가장 좋은 예가 될 것 같습니다.[10]

반대로 기존 기업들이 본격적으로 구조조정되고, 법정관리에 들어가는 상황이 출현할 때는 우량주 매수의 타이밍이라고 볼 수 있습니다. 경쟁기업의 몰락으로 시장 점유율이 확대될 수 있는 데다, 앞으로도 경쟁의 강도가 약화될 수 있기 때문입니다. 나아가 경쟁기업에서 나온 뛰어난 인재를 채용할 수 있을 뿐만 아니라, 설비도 중고로 값싸게 장만할 기회를 가질 것입니다. 이런 현상을 가장 잘 보여준 것이 2009년 세계 메모리 반도체 업계 5위 기업이었던 키몬다Qimonda의 파산이었습니다.[11] 세계적인 반도체 회사가 파산할 정도의 불경기이니, 한국의 반도체 기업들의 주가도 추풍낙엽이었죠. 그러나 이후 약 3년 동안 반도체 경기는 호황을 누렸습니다. 세계 각국 정부의 경기 부양 정책이 시행된 데다, 반도체 공급과잉이 키몬다 파산 이후 크게 해소되었기 때문입니다.

이상과 같은 투자의 기회를 잡기 위해서는 무엇보다 우량주가 속한 산업의 경쟁 구도 및 전방산업의 수요 변화를 꿰고 있어야 합니다. 반도체 산업 같은 경우에는 미국 등 선진국 종합소매회사의 재고 동향에 대한 관찰이 필요할 것이며, 한국의 반도체 수출 가격 변화도 유심히 살펴보아야겠죠. 물론 쉬운 일은 아닙니다만, 주식 투자로 성과를 내기 위해 꼭 필요한 작업이 아닌가 생각됩니다.

정책 테마에 투자하면 어떨까요?

우량주 장기투자가 힘들다면 "정책적으로 육성하는 기업(및 산업)에 투자하는 건 어떤지"라는 질문을 하는 분들이 있을 것 같습니다. 흥미로운 투자 방법입니다만, '매도 타이밍'을 잡기가 너무 힘들다는 약점이 있습니다.

2008년 집권한 이명박 정부가 녹색성장이란 캐치프레이즈를 들고나왔기에, 당시 태양광과 풍력 등 신재생 에너지 기업들이 강세를 보였습니다. 가장 대표적인 종목이 OCI(010060)입니다. 다음 그림에 나타난 것처럼, 엄청난 가격 상승과 이후의 주가 폭락을 확인

OCI 가격 및 주가 추이

OCI 시 123,500 고 135,500 저 113,000 증 124,000 ▲1,500 +1.22% 거 11,645,427
이동평균 5 20 60 120

▼최고 657,000(-81.13%)

Log ∨

446,686

237,814

124,000

67,407

35,887

19,106

10,172

》 5,416

▲ 최저 3,682(3267.73%)

거래량 11,645,427

16.2m
10.8m
5.42m

1999   2001   2003   2005   2007   2009   2011   2013

※네이버 증권.

할 수 있죠. 당시 녹색성장 열풍이 불었던 것은 한국만의 일이 아니었습니다. 토머스 프리드먼이 쓴 세계적인 베스트셀러《코드 그린》에서 태양광과 풍력 등 신재생 에너지의 미래를 강조한 것도 영향을 미쳤죠. 특히 2008년 글로벌 금융위기에서 회복되기 위해서는 강력한 재정정책이 필요했는데, 기왕이면 신재생 에너지 투자가 정치적으로도 올바른 선택이라는 주장이 세를 얻었습니다.

당시 나왔던 증권가 보고서를 보면 "전 세계적으로 정부 차원의 풍력 발전 시장 확대 정책을 통해, 그린 잡^{Green Job}의 창출을 도모하고 있다. 한국의 경우 녹색뉴딜사업을 추진하여 올해부터 4년간 총 50조 원을 투입, 95만 6천 개의 일자리 창출을 추진할 전망이다"라는 표현이 있습니다.[12] 지금 읽어도 가슴이 뛰는 문구의 연속입니다. 그러나 2009년을 정점으로 녹색성장 테마는 힘없이 무너지고 말았습니다.

왜 정책 테마의 힘이 이렇게 금방 꺾였을까요? 가장 직접적인 이유는 중국과의 경쟁에서 어려움을 겪은 데 있습니다. 왜냐하면 녹색성장에 대한 지원은 한국만의 일이 아니었기 때문이죠. 중국과 유럽의 기업들도 이 분야가 유망하다고 생각해 적극적으로 육성했고, 이 과정에서 이른바 치킨 게임이 벌어졌습니다. 그 결과 한국의 풍력 발전 설비 중 국내산의 비중은 2020년 37.7%에 불과했으며, 태양광 모듈의 국산 비중도 64.2%로 떨어졌습니다.[13]

게다가 테마가 형성될 때, 주식 가격이 고평가된다는 것도 악영향을 줍니다. 최근 발간된 흥미로운 논문에 따르면, 특정 테마에 대한 상장지수펀드가 등장한 것을 전후해 수익률은 마이너스로 떨어진다고 합니다.[14] 연구자들은 테마 펀드의 높은 수수료도 문제이지만, 시장의 열기가 집중된 시기에 발매되었기에 너무 비싼 가격에 주식을 편입한 탓도 크다고 지적하네요. 그리고 이 문제는 한국도 비슷하다고 합니다.[15] 출시된 지 1년 이상 된 테마 ETF의 연수익

률은 같은 기간 코스피 수익률을 5.7%나 밑돈다고 합니다.

참고로 상장지수펀드^{ETF, Exchange Traded Fun}란, 주식처럼 매매할 수 있는 펀드를 뜻합니다. 코덱스200^{KODEX200} 혹은 타이거200^{TIGER200} 이라는 이름을 들어보셨을 텐데, 이런 펀드는 코스피200^{KOSPI200} 지수의 움직임에 따라가도록 설계되어 있습니다. 그리고 테마펀드는 운용회사가 직접 종목을 선정하고 투자하는 형태라고 볼 수 있죠. 물론 특정 테마와 관련을 맺은 주가지수가 개발되어 있으면, 이를 추종하는 식으로 운용되기도 합니다.

끝으로 2020년 한국 주식시장을 휩쓸었던 테마인 BBIG(바이오, 배터리, 인터넷, 게임) 종목을 대거 편입한 ETF의 최근 성과를 보니, 2021년 봄의 고점에 비해 거의 50%의 주가 하락을 경험한 것을 발견할 수 있네요. 같은 기간 종합주가지수 하락률이 30% 내외였다는 것을 고려할 때, 테마 ETF에 투자한 이들의 고통이 컸을 것 같습니다. 물론 모든 테마 펀드에 투자하지 말자는 이야기는 아닙니다. 다른 경쟁자들에 비해 먼저 상품을 출시한 경우에는 일종의 모멘텀 효과가 충분히 발생할 수도 있죠. 다만, 정책 테마에 투자할 때는 혹시 고평가 영역은 아닌지 그리고 투자환경이 바뀔 가능성은 없는지에 대한 검토가 필요하다는 이야기입니다.

반반 투자 전략은 어떨까요?

한 산업에 오래 종사하면서 경기 변화와 경쟁 구도를 꿰고 있는 사람 그리고 체계적인 분석과 오랜 경험을 바탕으로 우량주를 적기에 매매하는 사람 앞에서 개미투자자들은 어려움을 겪을 수밖에 없을 것 같습니다. 게다가 막대한 자금력을 자랑하는 국민연금 등 기관 투자자와 외국인 투자자의 존재까지 고려하면 더욱 그러하죠. 산업에 대한 이해도가 낮고, 주식 공부할 시간이 부족한 이들에게 대안이 없을까요?

저는 한국 주식과 미국 국채에 반반 투자하는 전략(이하 '반반 투자 전략')을 추천하고 싶습니다. 여기서 한국 주식이란 전체 주식시장의 움직임을 그대로 따라가는 상장지수펀드 투자를 뜻합니다. 전체 시장의 움직임을 고스란히 따라갈 뿐만 아니라 투자에 따르는 비용도 저렴하다는 장점이 있어, 극소수의 고수를 제외한 대부분의 투자자에게 적합하다고 봅니다. 만일 1981년에 주가지수를 추종하는 펀드에 100만 원을 투자했다면, 2021년에 2,458만 원이 되는 셈이니 한국 주식은 대단히 수익성이 높은 상품이라고 하겠습니다. 대신 문제도 많습니다. 가장 큰 문제는 위험하다는 것으로, 10년 동안 한국 주식에 투자한다고 가정할 때 적어도 3년은 마이너스 수익을 기록할 것을 각오해야 합니다. 대략 3년에 한 번 투자원금이 줄어드는 셈이니, 정말 위험한 투자 대상이라는 것을 잊지 말아야 합니다.

이런 면에서 볼 때, 미국 국채는 최고의 투자 짝이라고 하겠습니다. 기축통화 국가인 미국이 발행한 달러 채권이니 매우 안정적이고, 불황에는 가격이 상승하는 특성을 띠고 있기 때문이죠. 불황에 미국 채권 가격이 상승하는 이유는 두 가지입니다. 무엇보다 달러가 지니는 기축통화의 특성으로, 불황이 되면 투자자들이 죄

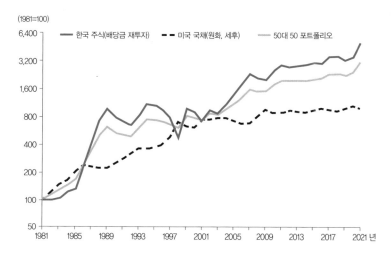

1981년 이후 미국 국채와 한국 주식의 투자 성과

(1981=100)

— 한국 주식(배당금 재투자)   ▪▪ 미국 국채(원화, 세후)   — 50대 50 포트폴리오

6,400

3,200

1,600

800

400

200

100

50

1981 1985 1989 1993 1997 2001 2005 2009 2013 2017 2021 년

※ 블룸버그, 한국은행.

다 달러를 보유하려 듭니다. 두 번째는 불황을 맞이하면 사람들의
눈높이가 낮아지는 영향이 큽니다. 2020년처럼 주가가 급등할 때
는 '돈 복사'라는 말이 유행어가 될 정도로 투자자들이 재미를 보았
지만, 경기가 나빠지는 순간에는 기대수익 수준이 내려가죠. 금리를
3%만 줘도 고맙게 여기며 채권을 사려는 사람들이 늘어날 것이고,
이는 결국 채권 가격의 상승으로 연결될 것입니다. 만일 1981년 미국
국채 펀드에 100만 원을 투자했다고 가정하면, 2021년에는 998만

KBSTAR 200TR

원이 되니 나쁘지 않은 성과입니다.

따라서 '반반 투자 전략'을 통해서라면 경제가 좋거나 나쁘거나 상관없이 꾸준한 성과를 기록할 수 있습니다. 1981년 한국 주식과 미국 국채에 각각 50만 원씩 투자했다면, 2021년 3,108만 원으로 불어나며 마이너스 성과를 기록한 해가 단 12년에 불과합니다. 특히 최악의 성과를 기록했던 1997년조차 마이너스 8.9%에 그쳤으니, 생애 첫 투자로 최고의 투자 대상이 아닐까 싶습니다.

ETF를 고를 때 알아 두어야 할 정보를 두 가지만 더 추가하자

면, 첫 번째는 펀드보수입니다. ETF를 운용하는 회사(이 사례에서
는 KB자산운용)에서 연간 얼마의 수수료를 받아 가는지 확인해야
합니다. 앞의 그림에 나온 KBSTAR 200TR의 수수료는 연 0.012%
이니 매우 낮은 편에 속합니다. 두 번째로 보아야 할 지표는 거래
대금입니다. 하루 거래대금이 수천만 원 혹은 수백만 원에도 미치지
못할 정도로 적다면, 운용사가 "돈이 되지 않는 ETF는 그만 운용하
자"며 상장폐지 할 수 있는 데다, 매매하기도 힘들기 때문입니다.

● **상장지수펀드 투자에 관해 알아봅시다.**

간단하게 말해, 상장지수펀드는 주식처럼 매매할 수 있는 펀드를 뜻합니
다. 다양한 주식이나 채권 등에 투자한다는 점에서는 펀드와 같지만, 펀드
와 달리 주식시장에서 사고팔 수 있다는 장점이 있습니다. 특히 KOSPI200
처럼, 한국을 대표하는 주가지수를 복제하는 ETF는 수수료가 매우 저렴하
다는 장점도 가지고 있습니다.[16]

02

반반 투자 전략의 성과를
더 높일 방법은?

반반 투자 전략이 참 좋은 것 같습니다. 그런데 박사님. 주식에 그냥 놔두는 것보다 수익률이 낮은 것은 마음에 들지 않아요. 좀 더 성과를 높일 방법은 없나요?

배당금 재투자는 선택이 아닌, 필수입니다

투자 성과를 높이는 가장 쉬운 방법은 배당금을 재투자하는 것입니다. 배당금이란, 기업들이 주주들에게 지급한 돈을 의미합니다. 기업이 만들어지는 초기에는 들어갈 돈이 참 많습니다. 이럴 때 기업에는 두 가지 선택이 있습니다. 하나는 은행에 가서 돈을 빌리는 것이고, 다른 하나는 주주들에게 투자를 받는 것입니다. 기업이 직접 채권시장에 나가서 돈을 빌리는 것(회사채)도 방법입니다만,

이건 은행에서 돈을 빌리는 것보다 더 어려우니 두 가지 대안에 집중하겠습니다. 그런데, 기업이 설립된 초기에는 뚜렷한 성과를 내기 어려워 은행에서 돈을 빌리기가 쉽지 않습니다. 따라서 주주들에게 돈을 투자받음으로써 직원도 뽑고 공장 설비도 올리는 게 일반적입니다.

그러나 주주들에게 투자받은 돈은 공짜가 아닙니다. 회사가 돈을 벌기 시작하면 회사에 투자한 주주들에게 보답해야 하는데, 가장 대표적인 보상 방법이 상장입니다. 주식시장에 기업이 새로 상장할 때, 기업들은 투자했던 주주들에게 주식을 팔 권리를 줍니다. 물론 상장 이전에도 주식을 팔지 못하는 것은 아니지만, 세금이 굉장히 높은 데다 매수자를 찾기도 어렵습니다.[1] 따라서, 주식이 새로 상장될 때는 기존 주주들이 주식을 팔아서 차익을 얻을 수 있습니다. 기업들은 상장 외에 배당금을 지급함으로써 주주들에게 이익을 돌려줍니다. "오랜 기간 수고하셨습니다. 이제 그간의 노고에 조금이나마 보답하겠습니다"라며, 주주들에게 매년 혹은 분기마다 돈을 지급하는 것이죠.

물론 배당금을 지급하지 않는 기업도 있습니다만, 재무구조가 악화되었거나 대규모 투자가 진행 중인 기업들을 제외한 대다수는 주주들에게 배당금을 주고 있습니다.[2] 2020년 말 기준으로 유가증권시장에 상장된 769개 기업 중 대부분(529개)이 배당금을 지급했

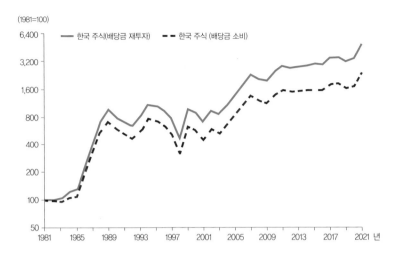

1981년 이후 한국 주식의 성과 비교(배당금 재투자 vs. 배당금 소비)

(1981=100)

— 한국 주식(배당금 재투자)   - - 한국 주식 (배당금 소비)

※ 한국은행, 프리즘 투자자문 작성.

고, 그 금액이 33.2조 원에 이르렀습니다. 따라서 주식에 투자하면 배당금을 받는 게 기본이며, '배당금을 어떻게 활용할 것인가'에 대해서도 생각해야 합니다.

위 그림은 배당금을 어떻게 썼는지에 따른 성과의 차이를 보여 줍니다. 배당금을 받은 즉시 쓴 이들은 1981년 이후 100만 원의 투자원금이 2,458만 원으로 불어나는 데 그치지만, 배당금을 재투자하면 4,992만 원이 됩니다. 세로축 한 칸이 2배씩 늘어나는 것이니, 어마어마한 성과의 차이라는 것을 금방 알 수 있습니다. 한국의 배당수익률이 선진국 중에서 최저 수준이긴 합니다만, 그래도 배당은 투자의 성패를 가르는 핵심적인 요소라는 것을 알 수 있습니다.[3]

- **배당금을 재투자하는 상장지수펀드에 투자하고 싶다면?**

앞에서 살펴본 것처럼, ETF는 주식처럼 매매할 수 있는 펀드를 뜻합니다. ETF 중에는 배당금을 지급해 줄 뿐만 아니라, 배당금을 자동으로 재투자하는 것들도 있습니다. 바로 TR[Total Return]이라는 이름이 붙은 ETF들입니다. 제가 앞에서 KBSTAR 200TR을 사례로 들었던 이유가 여기에 있습니다. 반대로, 일반적인 ETF들은 배당을 투자자들에게 '분배'해 줍니다. 이런 형태의 ETF는 PR[Price Return]이라고 불리는데, 워낙 일반적인 형태이다 보니, 따로 표시하지 않는 게 일반적입니다.

한국의 배당수익률이 낮은 이유는 무엇일까요?

한국 기업이 꾸준히 '쥐꼬리 배당'을 지급하는 데는 다음의 두 가지 요인이 큰 역할을 한 것으로 판단됩니다. 첫 번째 요인은 한국 대기업 집단의 총수 지분율이 단 3.5%에 불과한 것에서 기인합니다.[4] 총수 지분율이 낮을 때 배당수익률이 낮아지는 이유는 배당금 1천억 원을 지급하더라도, 총수에게 단 35억 원만 떨어지기 때문입니다. 더 나아가 고율의 금융소득종합과세를 고려하면, 실제 수령액은 이의 절반 수준으로 떨어지니 최고경영자들이 배당을 늘릴 유인을 찾기 힘들죠.

참고로 금융소득종합과세란, 한 해 동안의 금융소득(배당이나 이자 등)이 2천만 원을 초과하는 사람들에게 세금을 더 걷는 것을 뜻합니다. 금융소득이 2천만 원 이하인 경우에는 원천징수세율(소득세 14%, 지방소득세 1.4%)이 적용됩니다. 그러나 금융소득이 2천만 원을 넘어가면 사업이나 근로소득 등을 합산해서 누진 과세를 합니다. 참고로 누진 과세의 최고세율은 45%(10억 원 초과)인데, 지방소득세를 포함하면 49.5%가 됩니다.

두 번째 요인은 지배구조뿐만 아니라, 한국 기업의 이익 변동성이 대단히 크다는 점입니다. 수출에 따라 이익이 들쑥날쑥 움직이니, 기업의 입장에서는 '잘나갈 때일수록 조심하는' 자세가 필요하기 때문입니다. 즉, 수출이 잘된다고 배당을 펑펑 지급해서는 안 된다는 생각이 널리 퍼져 있는 셈입니다.

이런 태도를 가장 잘 보여준 것이 2021년이었는데 유가증권시장 순이익은 156조 원을 기록했지만, 배당금은 28.6조 원에 그쳐 배당성향은 18.6%에 불과했습니다.[5] 참고로 배당성향이란, 배당금을 순이익으로 나눈 것이니 주주들에 대한 기업의 보상 수준이라고 볼 수 있는데, 예나 지금이나 한국이 세계 주요 증시 중에서 꼴찌인 것은 변화가 없습니다.[6] 따라서 앞으로도 배당수익률이 높아질 가능성은 크지 않을 것 같습니다.

성과가 왜 이렇게 차이 나죠?

세계 최저 수준의 한국 배당수익률을 지적하며 "쥐꼬리 같은 배당금을 받아서 어디에 쓰나?"라고 반문하는 분들이 많으리라고 생각됩니다. 증권사에서 애널리스트로 생활할 때, 늘상 들었던 질문이기도 하죠. 그러나 복리復利의 마법에 관해 공부한 사람들은 반응이 다를 것입니다. 개그맨 박명수 씨는 "티끌 모아봐야 티끌"이라는 명언을 남겼지만, 금융의 세계에서는 다른 이야기입니다. 우선 개념을 정리하면 복리란 원금과 이자에 다시 이자가 붙는 것으로 볼 수 있고, 단리單利는 원금에만 이자가 붙는 것을 뜻합니다.

예를 들어, 한 해에 7.2%의 이자를 받는 만기 10년짜리 단리상품이 있다고 할 때, 1년 뒤에는 7만 2천 원의 이자를 받고 2년 뒤에도 이자는 7만 2천 원으로 동일합니다. 그러나 100만 원을 7.2%의 복리상품에 투자하면, 1년 뒤에는 7만 2천 원의 이자가 붙는 것은 단리와 동일합니다만, 2년 뒤에는 이자가 7만 7천 원으로 늘어나고

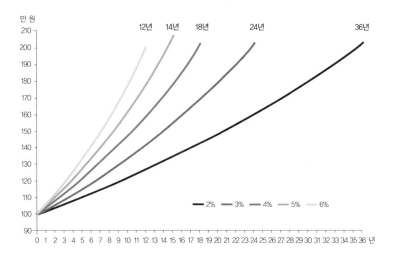

※ 프리즘 투자자문 작성.

3년 뒤에는 다시 8만 3천 원이 됩니다. 이런 식으로 이자에 이자가 붙어 나가니, 10년 뒤에는 100만 원에 이자 100만 원이 더해져 총 200만 원이 되죠.

　복리의 중요성은 위 그림을 보면 더욱 쉽게 이해할 수 있습니다. 그림의 세로축은 100만 원을 투자한 원금이 어떻게 변화하는지 보여주며, 가로축은 시간의 변화를 나타냅니다. 어떤 회사의 주가가 1만 원인데 매년 200원의 배당금을 지급한다면, 주가가 단 1%도 오르지 않아도 36년이 지나면 투자원금이 2배가 됩니다. 배당금으로 주식을 매입하면, 보유 주식의 숫자가 계속 늘어나고, 주식이 늘어난 만큼 배당금이 늘어나기 때문입니다.

만일 배당수익률이 높아진다면 투자원금이 2배가 되는 시간은 점점 더 빨라집니다. 예를 들어, 3%의 배당수익률을 기대할 수 있다면, 주가가 전혀 오르지 않아도 투자원금은 24년이 지나면 2배가 됩니다. 배당수익률이 4%이면 투자원금이 2배 되는 시간은 18년으로 단축되고, 6%이면 12년으로 단축됩니다. 따라서 한국의 배당수익률이 높아질수록 한국 주식에 대한 투자 매력은 더욱 높아질 것입니다.

배당금을 모두 소비한 사례에 비해, 배당금을 재투자할 때 투자원금이 2배 이상 늘어난 이유를 알 수 있죠? 물론 나이 든 투자자들은 배당금을 재투자하기보다 의료비나 주거비를 목적으로 소비하는 게 당연한 선택입니다만, 자산을 하루빨리 불려야 하는 2030세대들은 배당금을 재투자하는 게 좋은 선택이 될 것이라고 생각됩니다.

● **미국 국채에 투자하는 ETF에는 어떤 게 있나요?**

한국 주식뿐만 아니라 미국 국채도 ETF로 투자할 수 있습니다. 다음 표에서 검은색 박스로 표시된 것이 미국 국채에 투자하는 ETF입니다. TIGER 미국달러 단기채권 액티브(329750)는 이름 그대로 '만기가 짧은 달러 표시 채권'에 투자하는 상품입니다.

채권은 다양한 만기, 즉 원금을 갚는 기간을 지니는데, 보통 2년 이내에 원금을 돌려주는 채권을 단기채권이라고 부릅니다. 반면 TIGER 미국 국채 10년 선물(305080)은 만기 10년인 장기 국채에 투자하는 상품입니다. 통상 만기가 길수록 금리가 더 높기에, TIGER 미국 국채 10년 선물의 과거 수익률이 더 좋습니다만, 대신 상대적으로 투자의 위험이 큰 것은 참고할 필요가 있습니다. 오랜 기간 투자를 할 사람들은 TIGER 미국 국채 10년 선물처럼 절대 수익률이 높은 상품을 선호할 것 같습니다. 반대로 1~2년 내 전세자금 마련 등을 목적으로 달러를 사두는 분들은 TIGER 미국달러 단기채권 액티브가 대안이 될 수 있겠죠.

전세	국내 시장지수	국내 업종/테마	국내 파생	해외 주식	원자재	채권	기타

종목명	현재가	전일비	등락률	NAV	3개월수익률	거래량	거래대금(백만)	시가총액(억)
KODEX 단기채권	103,280	▲ 5	0.00%	103,275	+0.26%	24,079	2,486	15,734
KODEX 종합채권(AA-이상)액…	106,430	▼ 135	-0.13%	106,370	-1.73%	49,805	5,298	14,110
TIGER 단기통안채	100,670	▲ 10	+0.01%	100,671	+0.23%	1,399,761	139,907	13,865
KODEX 단기채권PLUS	103,690	▲ 10	+0.01%	103,689	+0.37%	8,637	895	10,483
KBSTAR 단기통안채	105,000	▲ 5	0.00%	104,998	+0.29%	51,060	5,361	5,417
KINDEX 단기통안채	100,295	▲ 5	0.00%	100,288	+0.27%	699	70	4,354
KBSTAR KIS종합채권(A-이상)…	98,215	▲ 10	+0.01%	98,145	-1.70%	28,206	2,771	3,892
TIGER 단기채권액티브	50,395	0	0.00%	50,389	+0.35%	1,222,146	61,582	3,001
KBSTAR KIS단기종합채권(AA-…	100,635	▼ 5	0.00%	100,636	+0.47%	429,883	43,262	2,734
KOSEF 국고채10년	116,210	▼ 95	-0.08%	116,155	-2.88%	11,610	1,350	2,371
TIGER 미국달러단기채권액티브	10,355	▲ 70	+0.68%	10,360	+2.68%	149,714	1,546	2,264
HANARO 단기채권액티브	100,500	0	0.00%	100,503	+0.23%	0	0	2,224
KBSTAR 단기국공채액티브	102,550	0	0.00%	102,555	+0.28%	161	16	1,641
KBSTAR KIS국고채30년Enhanced	90,525	▼ 180	-0.20%	90,347	-10.24%	483	43	1,521
KODEX 국고채3년	57,310	▼ 125	-0.22%	57,358	-0.48%	59,789	3,427	1,372
KODEX 단기변동금리부채권액…	103,220	▲ 5	0.00%	103,225	+0.37%	537	55	1,144
SOL KIS단기통안채	100,755	0	0.00%	100,759	+0.23%	2	0	1,026
KODEX 장기종합채권(AA-이상…	92,160	▼ 465	-0.49%	92,255	-3.80%	28	2	1,025
KOSEF 단기자금	101,135	0	0.00%	101,136	+0.32%	684	69	977
TIGER 미국채10년선물	12,100	▲ 115	+0.96%	12,116	-0.74%	93,339	717	871

※ 네이버 증권.

새로운 돈이 생기면? 반반 적립투자!

이제 시각을 바꿔, 매년 조금이지만 새로운 저축이 쌓이는 경우를 살펴보겠습니다. 공부를 잘해서 장학금을 받거나 혹은 아르바이트한 돈이 은행 계좌에 매년 100만 원씩 쌓일 때, 어떻게 운용하는 게 좋을까요?

매년 50만 원씩 미국 국채와 한국 주식 각각에 투자하는 것도 좋은 방법입니다만, 더 나은 성과를 기대해 볼 수 있는 전략이 하나 있습니다. 바로 리밸런싱rebalancing을 해주는 것입니다. 리밸런싱이란, 주식이나 채권 등에 투자할 때, 원래 계획했던 투자 비율이 달라지면 이를 원래 비중대로 돌려놓는 것을 뜻합니다.

예컨대 2022년 3월에 100만 원을 한국 주식과 미국 국채에 투자했는데, 1년이 지난 후 90만 원이 되어 있다고 가정해 보겠습니다. 즉, 불황에 대한 공포가 높아지며 한국 주식이 30% 빠져서 35만 원이 되었고, 반대로 미국 국채는 환율이 상승한 덕분에 55만 원으로 가격이 상승했다고 상상해 보는 겁니다. 원래 50% 투자했던 한국 주식의 비중은 38.9%가 되었고, 미국 채권의 비중은 61.1%가 되었습니다. 이런 경우에는 2023년 3월 새로운 투자금 100만 원 가운데 60만 원을 한국 주식에 투자하고, 40만 원을 미국 국채에 투자하는 게 바람직합니다. 즉, 한국 주식과 미국 국채에 각각 95만 원씩 투자한 셈입니다. 이렇게 하면 다시 한국 주식과 미국 국채의 투자 비중이 50대 50으로 맞춰지게 됩니다.

이렇게 하는 이유는 경기의 변화에 따라 한국 주식과 미국 국채의 가격 변화 방향이 달라지기 때문입니다. 예를 들어, 수출이 잘되고 경제성장의 탄력이 높아질 때는 주식가격이 상승할 가능성이 큽니다. 반대로 이때는 미국 국채의 인기가 떨어질 수 있죠. "고작 3% 이자를 받기 위해 미국 국채를 산다고?" 같은 질문을 던지는 사람들이 늘어나기 때문입니다. 반대로 경기가 나빠지고 주가가 추락할 때는 미국 국채에 대한 인기가 높아집니다. 따라서 한국 주식의 비중이 50% 밑으로 내려가면 한국 주식에 새로운 돈을 넣고, 반대로 미국 국채 비중이 50% 밑으로 내려가면 미국 국채에 투자하면 됩니다. 이런 식으로 투자하면 자동으로 저가매수를 반복하는 결과를 가져옵니다.

물론 복리효과와 마찬가지로 리밸런싱한다고 해서 바로 성과가 개선되지는 않습니다. 그러나 꾸준히 반복하면 저가매수 전략이 힘을 내기 시작하죠. 만일 1981년부터 한국 주식과 미국 국채에 매년 50만 원씩 나눠서 투자했다면, 2021년 1억 4,159만 원이 되었을 것입니다. 투자원금 4,100만 원이 3배 이상 불어난 셈이니 나쁜 성과는 아닙니다. 그런데, 100만 원을 매년 리밸런싱하면서 투자했다면, 2021년 2억 8,230만 원이 됩니다. 투자원금이 거의 7배 불어난

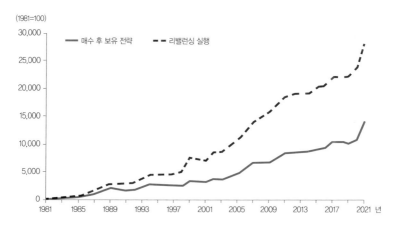

1981년 이후 매년 100만 원씩 미국 국채와 한국 주식에 분산투자했을 때의 성과 비교

(1981=100)

— 매수 후 보유 전략   - - 리밸런싱 실행

※ 블룸버그, 한국은행, 프리즘 투자자문 작성.

셈이죠.

반면 이미 자산을 많이 모은 사람들은 리밸런싱하는 게 쉽지 않습니다. 왜냐하면 2020년처럼 주식시장이 불을 뿜을 때, 한국 주식을 처분해서 달러 채권을 매입해야 하기 때문입니다. "주가가 더 오를 것 같다"는 예상이 지배적일 때, 주식을 팔고, 값이 내려가는 달러를 매입하기는 쉽지 않죠. 반면, 돈을 이제 막 모으기 시작한 2030세대는 상대적으로 부담이 덜합니다. 한 해 동안 모은 새로운 돈으로 리밸런싱을 하면 되니, 꼭 가격이 많이 오른 자산으로 차익

2장

을 실현할 필요가 없기 때문이죠.

따라서 2030세대일수록, 반드시 리밸런싱을 해야 합니다. 투자의 경험이 부족하고 모아놓은 돈이 적을수록 유리한 게임은 그리 많지 않습니다.

주식가격이 계속 떨어지면, 리밸런싱해도 소용없지 않나요?

1930년대 미국 대공황이나, 1990년대 일본처럼 디플레이션^{deflation}이 심화되어 장기불황의 늪에 빠지게 되면, 아무리 리밸런싱해도 수익률이 부진할 수 있습니다. 9장에서 이 부분을 본격적으로 다룰 예정입니다만, 정부가 불황에 적극적으로 대응하기만 해도 장기불황의 위험은 크게 낮아집니다. 대표적인 사례가 2020년 코로나19 팬데믹 위기 당시의 각국 정부의 대응입니다. 금리를 제로 수준으로 인하하고 대규모 재난지원금을 가계에 뿌리자, 주식시장이 순식간에 회복되고 경제도 강한 회복세를 보였습니다. 물론 2021년 하반기부터 강력한 인플레이션이 발생하기는 했지만, 인플레이션으로 인한 충격은 경제가 장기불황의 늪에 빠지는 것에 비해서는 상대적으로 작습니다.

반면 디플레이션, 즉 물가가 지속적으로 하락하는 것을 방치하면 경제는 끝없는 침체의 늪에 빠지게 됩니다. 가장 문제가 되는 것은 부채를 짊어진 기업이나 가정입니다. 예를 들어, 연간 5%의 이자를 내는 10억 원의 빚을 지고 있는 가구의 입장에서, 소비자물가가 연 2% 빠진다면, 이자의 실질적인 부담은 7%까지 올라가는 꼴이 됩니다. 그리고 이 가구가 보유한 자산의 가치는 불황 속에 점점 떨어질 가능성이 크니, 이중의 고통을 겪게 됩니다. 결국 집이나 주식 등 자산을 급매로 팔아 이자 부담에서 벗어나려고 노력할 것이며, 이 과정에서 경기는 더욱 나빠집니다. 집이나 주식 등 자산가격이 계속 떨어지면 은행 등 금융기관도 부실화됩니다. 담보로 제공되었던 집이나 토지 그리고 주식의 가치가 떨어지니 손실이 확대되기 때문입니다.

디플레이션의 또 다른 문제는 정부가 할 수 있는 일이 거의 없다는 것입니다. 왜냐하면 정부는 세수^{稅收}가 급격히 감소할 것이기에 재정정책을 펴는 데 소극적으로 행동할 가능성이 크기 때문입니다. 다음 그림은 일본의 재정수지와 인플레이션의 관계를 보여주는데, 인플레이션이 마이너스를 기록할 때마다 재정적자가 심화되는 것을 확인할 수 있습니다. 이런 현상이 나타나는 이유는 대부분의 세금이 '명목' 가치에 연동되기 때문입니다. 재산세나 소득세 그리고 소비세 모두 가격이 상승하면 부담이 늘어납니다. 물론 한국 정부가 고가주택의 기준을 기존 9억 원에서 12억 원으로 조정한 사

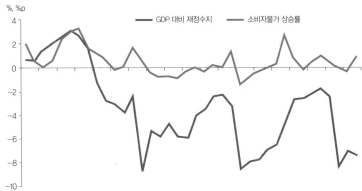

%, %p

━━ GDP 대비 재정수지   ━━ 소비자물가 상승률

※ 블룸버그, 한국은행, 프리즘 투자자문 작성.

레가 있긴 합니다만, 기준을 조정하는 데 많은 시간이 필요했다는 것을 고려해야 할 것입니다.[7]

재정정책 못지않게 중요한 통화정책도 효과를 잃어버리기는 마찬가지입니다. 정책금리를 제로 수준으로 내린 다음에는 딱히 할 게 없기 때문입니다. 물론 마이너스 금리를 도입한 나라가 있기는 합니다만, 이는 가계나 기업을 대상으로 한 것이 아니라 은행 등 금융기관을 대상으로 한 것이었습니다. 왜냐하면 우리가 은행에 돈을 맡길 때, 1%의 비용을 지급해야 한다면, 은행 예금을 할 이유가 없습니다. 일본처럼 집마다 큼직한 금고를 놓고 현금이 필요할 때 인출하는 게 훨씬 이익이 될 것입니다.[8] 그리고 이 과정에서 은행들은 더욱 큰 어려움을 겪을 수 있습니다. 은행은 예금으로 조달한 돈을 대출로 운용해 수익을 내는 곳인데, 예금 자체가 들어오지 않으면 은행의 존재 이유가 사라지기 때문이죠.

따라서 디플레이션은 투자, 특히 주식 및 부동산 투자의 최대 적이라고 할 수 있습니다. 제가 '반반 적립투자'를 추천하는 이유도 디플레이션에 대한 유일한 방어책이 채권이기 때문입니다. 특히 자국 채권이 아닌, 기축통화 국가인 미국 채권에 투자하면, 디플레이션의 위험을 상대적으로 덜 받을 수 있다는 점을 말씀드리고 싶습니다.

미국의 기축통화 패권이 유지될까요?

기축통화인 미국 달러에 투자하라는 조언을 듣고, "미국의 기축통화 패권이 중국으로 넘어갈 수도 있지 않은지" 하는 의문이 생기는 분들도 있으리라고 생각됩니다.

이 문제에 대해 더 자세히 살펴보기 위해 기축통화key currency가 무엇인지부터 살펴보겠습니다. 기축통화의 가장 일반적인 정의는 국제 무역에서 발생하는 대금의 결제에 사용되는 통화를 의미합니다. 한국의 수출 기업을 예로 든다면, 중국에 반도체를 수출한 대금을 위안화로 받는다고 한다면, 한국 기업 입장에서 썩 내키지 않을 것입니다. 왜냐하면 반도체 생산에 사용되는 각종 장비는 대부분 미국이나 유럽의 제품이기에 굳이 위안화가 필요하지 않을 것이기 때문입니다.

기축통화는 결제 기능뿐만 아니라 만일을 위해 쌓아 놓는 '준비통화'로써의 기능도 합니다. 준비통화의 역할을 가장 잘 보여주는 예가 2008년 금융위기였습니다. 당시 한국은 2,012억 달러에 달하는 엄청난 외환보유고를 가지고 있었지만, 환율의 급등을 막지 못했죠. 당시 환율이 급등했던 가장 큰 이유는 외국인 투자자의 주식 및 채권 매도 규모가 시장의 예상을 초과하며, 시장 참가자 사이에 공포가 확산되었기 때문이었습니다. 특히 일부에서 외환보유고의 상당 부분이 매매가 어려운 자산에 투자되어 있어, 외환시장의 변화에 신속하게 대응하지 못할 것이라는 주장도 환율의 급등을 유발한 요인으로 작용했습니다.[9] 이 논란에서 알 수 있듯이, 외환보유고는 언제 어디서라도 신속하게 돈을 뺄 수 있는 곳에 투자되어야 합니다. 금융시장이 큰 나라가 아니면 이 역할을 해낼 수 없습니다.

마지막으로 기축통화는 기업과 국가의 성과를 측정하는 척도의 역할을 제공합니다. 매년 전 세계 국내총생산^{GDP} 순위가 발표되곤 하는데, 이때 각각 몇조 달러인지 측정하는 것을 종종 발견하죠. 이렇게 회계의 척도로 기능하기 위해서는 화폐 가치가 안정적이어야 합니다. 시장에 참가하는 이들에 의해 그리고 투명한 과정을 통해 환율이 결정되는 것도 중요한 조건이죠. 따라서 기축통화가 되기 위해서는 전 세계 어디에서든 그리고 수많은 시장 참여자에 의해 결정되어야 합니다.

중국은 이상과 같은 세 가지 조건 모두를 충족시키지 못합니다. 우선 중국 위안화를 원하는 사람들이 세계에 얼마나 많을지 의문입니다. 세계 경제에서 중국이 차지하는 비중이 점점 커지면 위안화 네트워크가 더 확산될 것은 분명한 사실입니다만, 아직은 먼 미래의 일처럼 느껴집니다. 두 번째로 중국의 준비통화 지위는 오히려 점점 더 떨어지는 것 같습니다. 2020~2021년에 발생했던 앤트그룹 및 디디추싱 사태에서 보듯 가장 부유한 이들조차 정부의 자의적인 결정에 무력한 모습을 보였는데, 긴급한 순간에 외환보유고 자금을 빼낼 수 있을지 확신하기 어려워졌죠. 마지막으로 안정성에도 문제가 있습니다. 가장 대표적인 사례가 2015년 8월의 위안화 평가절하로, 거의 10년 가까이 이어오던 위안화 강세가 한순간에 바뀐 것을 기억하는 투자자들이 많습니다.[10] 가격의 변화가 고무줄처럼 변화무쌍한 곳에, 안정을 최우선으로 하는 이들이 대거 투자하기는 쉽지 않을 것 같습니다.

따라서 수년 혹은 십수 년 내에 달러의 패권이 흔들릴 가능성은 작다고 생각하며, 이 자리를 넘보는 대상은 어쩌면 중국보다는 기술혁신이 유지되는 암호화폐가 더 유력한 경쟁자가 될 수도 있다는 생각을 하게 됩니다.

03
돈을 빨리 모으는
방법이 없을까요?

연간 100만 원씩 적립투자하는 것만으로도 이렇게 돈이 불어난다
니, 투자 금액이 커지면 더 큰 자산을 모을 수 있겠네요! 그럼 돈을
더 빨리 모을 수 있는 방법은 없을까요?

돈을 빠르게 모으려면? 준거집단을 바꿔라!

좋은 질문입니다. 저는 한 사람의 자산을 형성하는 요소는 다
음의 세 가지로 정리되지 않을까 생각합니다. 참고로 덧셈이 아니
라 '곱셈'이라는 것을 꼭 기억해야 합니다.

$$자산 = 투자원금 \times 수익률 \times 투자기간$$

앞서 1장에서 우리는 돈을 모으는 데 수익률과 투자기간이 얼마나 중요한 요소인지를 배웠죠. 그런데, 수익률과 투자기간에 못지않게 중요한 요소가 투자원금입니다. 부모님으로부터 많은 유산을 물려받은 이들이야 충분한 투자원금을 가지고 자산을 불려갈 수 있지만, 흙수저라면 이게 불가능할 것입니다. 그럼 어떻게 해야 할까요?

저는 두 가지 경우로 나눠서 말씀드리겠습니다. 첫 번째는 준거집단peer group의 문제를 겪는 이들에 대한 해결책이 되겠습니다. 제 유튜브 채널에 어느 날 다음과 같은 상담이 들어왔습니다(직종과 성별 그리고 거주 지역 등 어떤 이가 질문했는지 짐작할 수 있는 정보는 모두 삭제했습니다).

"홍 박사님 채널을 통해 많은 인사이트를 얻고 있는 30대 후반 고소득 직종 종사자입니다. 사회생활을 시작하면서 꽤 큰돈을 벌게 되었지만, 제대로 모으지도 굴리지도 못했습니다. 지난 겨울 경제적 위기가 오면서 통장 잔고와 자존감도 모두 바닥을 친 후, 허리띠를 졸라매고 있습니다. 어떻게 해야 할지 모르겠습니다. 도움을 구합니다."

이 사례의 주인공은 남들이 부러워하는 고소득 직종에 종사하고 있음에도 불구하고 오히려 재정적인 위기에 처해 저에게 상담을 요청하셨습니다. 왜 이런 일이 벌어졌을까요? 저는 이 사례가 너무나 잘 이해되었습니다. 왜냐하면, 저도 20대에 이런 상황에 부닥쳤기 때문입니다.

20대 후반 모 언론사에서 선정한 베스트 애널리스트 랭킹에 이름을 올리면서 연봉이 처음으로 억대를 찍었는데도, 결혼할 때 가진 돈이 1,500만 원에 불과할 정도였습니다. 물론 투자의 실패도 원인이었습니다만, 제가 주변의 돈 있는 사람들의 소비 성향을 따라간 게 가장 큰 문제였습니다. 금융업계 종사자들은 골프를 즐겨 치는데, 문제는 여기에 많은 비용이 든다는 것입니다. 골프장 이용료뿐만 아니라 연습장 사용료 그리고 골프를 함께 친 이후에 이어지는 술자리와 대리운전 비용까지 고려하면 40만 원 이상의 돈이 소비되었습니다.[1] 1년에 20번만 라운딩 나간다고 쳐도 800만 원이 훨씬 넘게 쓰이고, 해외 골프장으로 원정이라도 나가면 연 1천만 원 이상은 기본으로 쓰는 셈입니다. 게다가 골프장에는 고급 차가 즐비합니다. 독일과 이탈리아 그리고 일본에서 수입된 럭셔리 자동차 사이에 국산 소형차를 세워 두는 게 그렇게 부끄럽더군요. 물론 수입 외제 차까지는 가지 못하고 국산 대형 SUV 자동차를 구입했죠. 예전 차는 중고로 헐값에 팔고, 새 차를 할부로 구입했으니 다달이 나가는 돈이 또 추가되었습니다.

더 큰 문제는 세금이었습니다. 소득 수준이 올라가면 그만큼 세금도 올라가는 것을 모르고 흥청망청 돈을 썼으니, 결혼 준비가 제대로 되어 있을 리 없었죠. 특히 개인연금이나 근로자 증권저축 같은 절세 상품에 투자도 하지 않았기에, 그 많은 세금을 고스란히 내야 했습니다. 결국 회사 근처에서 신혼살림을 차리겠다는 꿈을 접고, 1기 신도시의 소형 아파트에 들어갈 수밖에 없었습니다. 새벽 6시에 일어나지 않으면 회사에 지각할 정도로 먼 곳이었음에도 전세 보증금의 대부분을 대출로 충당했던 기억이 지금도 선명합니다.

이 일이 있고 난 후, 저는 준거집단을 바꾸었습니다. 여기서 준거집단은 어떤 의사결정을 할 때, 제가 마음에 두는 사람들을 의미합니다. 베스트 애널리스트로 선정된 후, 저는 흙수저임에도 제 소비 패턴을 금수저의 소비 패턴에 자꾸 비교했던 것이죠. 뱁새가 황새 따라가면 가랑이 찢어진다는 속담처럼, 가진 것은 쥐뿔도 없으면서 부유한 이들을 따라가려다가 사랑하는 이에게 부끄러운 모습을 보여줄 수밖에 없었던 것입니다.

저는 제일 먼저 골프를 끊었고, 그다음으로 연회비가 비싼 신용카드를 잘랐습니다. 물론 신용카드를 사용할 때마다 마일리지 등 다양한 혜택이 쌓입니다만, 신용카드 혜택을 받기 위해 더 많이 소비할 위험이 있는 것도 분명합니다. 이후 저는 회사에서 준 법인카드를 제외하고는 신용카드를 쓰지 않습니다. 대신 체크카드를 사용하죠. 물론 용돈이 부족할 때는 아내에게 돈을 빌리곤 합니다만,

최대한 아껴 쓰기 위해 노력합니다.

물론 "골프도 치지 않고 짠돌이 생활을 하면 사회생활이 어려울 수 있다"는 이야기를 하는 이들도 있습니다. 그런데, 저는 2019년에 다니던 금융회사를 그만둔 후 오히려 더 바쁜 나날을 보내고 있습니다. 유튜브 채널을 운영하고 있고, 핀테크 회사 프리즘 투자자문(책을 쓰는 중에 투자자문업 라이선스가 나왔습니다)을 세워 자산배분전략을 개발하고, 책도 쓰고 있으니까 말입니다. 사람을 만날 때마다 제가 먼저 돈을 내려고 노력하고 또 듣기 싫은 소리를 하지 않으니, 인맥이 더 쌓이면 쌓이지 줄어들지는 않네요.

곳간에서 인심 난다고, 재정적인 여유가 생겨야 주변 사람을 챙길 수 있지 않을까 생각합니다. 그러니, 직접적인 도움은 주지 않으면서 잔소리만 하는 이들의 말은 듣지 말고, 준거집단을 바꾸기를 바랍니다. 자산 축적을 위해서는 좋은 투자 전략을 길게 밀고 나가는 것뿐만 아니라, 투자원금을 키우는 것도 중요하다는 사실을 잊지 않으셨으면 합니다.

고소득 전문직이 아니라면?

"나는 고소득 전문직이 아닌데?"라고 반문하는 분들도 계실 겁니다. 이런 분들에게는 다음의 상담 사례가 도움이 될 것입니다(이 사례도 직종과 거주 지역 그리고 성별 등의 정보는 모두 삭제해, 질문의 요지만 남겼습니다).

"박사님, 저는 월수입이 400만 원인데, 한 달 생활비로 50만 원을 쓰고 나머지 350만 원을 저축합니다. 기숙사에 살고 있어서 월세 부담은 없고, 식사는 회사에서 해결하고요. 그런데 직업의 수명이 그렇게 길지 않아, 10년 뒤에는 이 일을 그만두어야 합니다. 저는 어떻게 투자해야 할까요?"

저는 이 질문을 받고 한편으로 마음이 아프기도 했지만, 한편으로는 대견하기도 했습니다. 아마 서비스업에 종사하시는 분들이 부딪히는 공통의 문제가 아닐까 싶습니다. 골프장, 레스토랑 그리고 호텔 등의 서비스 업종 상당수가 젊은이만 선호하니 말입니다. 따라서 당장은 돈을 모을 수 있지만, 미래 비전이 보이지 않는 상황에서는 저축액을 키우는 것이 가장 좋은 방법입니다.

비슷한 처지에 있지만, 저축액이 상담 사례의 젊은이에 미치지 못하는 분들에게 한 가지 조언할 게 있습니다. 빚을 지면 됩니다. 대부분의 흙수저가 저축을 하지 못하는 가장 큰 이유는 월세 및 관리비 부담 때문이죠. 이 문제를 해결할 수 있는 길이 바로 '청년

※ 주택도시기금.

전용 버팀목전세자금' 대출입니다.[2] 이 상품은 연 소득 5천만 원 이하인 만 34세 이하 무주택 세대주에게 금리 1.5~2.1%로 대출을 해주는데, 최대 대출 한도가 7천만 원입니다. 참고로 1억 원까지 대출 금리를 1.2%로 해주는 '중소기업취업청년 전월세보증금대출' 상품은 일용 계약직으로 일하는 분들도 이용할 수 있습니다. 대신 조건이 더 엄격하니, 꼭 주택도시기금 대출 은행(우리은행, KB국민은행, 신한은행, IBK기업은행, NH농협은행)에 관련 내용을 문의하시기 바랍니다.[3]

물론 아무리 낮은 이자라도 대출이 부담되는 것은 사실입니다.

그런데, 빚을 지면 좋은 점이 한 가지 있는데, 그것은 다름이 아니라 저축 의욕이 그 어느 때보다 높아진다는 것입니다. 원금과 이자를 제때 갚지 못하면, 살던 집에서 쫓겨나는 것은 물론 신용불량자가 될 수 있다는 것을 우리 모두 잘 알고 있죠. 저도 그랬습니다. 2000년 가을, 결혼한 이후에는 '빚을 지고 저축하는' 전략을 반복적으로 사용했습니다. 그런데 꾸준히 저축해 전세자금대출을 상환하고, 회사에 가까운 새집으로 전세를 옮겨 나가는 과정에서 자산이 점점 불어났습니다.

빚을 지라고 권하는 것은 무책임하지 않나요?

이 대목에서 이렇게 묻는 분들이 있을 수 있습니다. 당연히 고금리 상황에서는 대출을 받으면 안 됩니다. 다음 그림처럼 우리나라의 금리는 역사적으로 최저 수준입니다. 따라서 금리가 낮고 투자 수익률은 높은 시기에, 대출을 받는 것을 죄악시하는 것은 이상합니다. 외환위기 때 금리가 25%까지 치솟으며 수많은 기업과 가계가 파산했던 것이 트라우마를 준 것은 분명한 사실입니다만, 세상이 바뀐 것을 인정하지 않으려 드는 것도 문제가 될 수 있다는 이야기입니다.

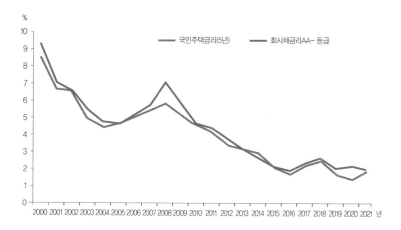

그럼 어떤 레벨일 때 대출을 받는 게 좋을까요? 여러 조건이 있겠지만, 저는 '금리＜자산수익'일 때, 대출을 받으라고 권합니다. 자산의 수익은 크게 두 가지로 구분됩니다. 하나는 자산가격의 변화율이며, 다른 하나는 배당이나 이자 그리고 임대료 같은 수익으로 구분될 수 있습니다. 흔히 후자를 인컴 게인$^{income\ gain}$이라고 부릅니다. 앞에서 다룬 '반반 적립투자(한국 주식+미국 국채)'의 연 환산 복리 수익이 8.57%에 이르니, 금리 1.5~2.1%로 대출을 받는 데 따르는 부담은 거의 없는 셈입니다.

물론 반반 적립투자 전략도 지난 41년 동안 여섯 번의 손실을 보았기에, 무조건 안전하다고 말할 수는 없습니다. 그러나 최대 손실이 발생했던 2002년조차 손실 폭이 8%에 미치지 못할 정도이니, 매년 소득 증가가 예상되는 2030세대 입장에서 대출을 받아 주거 안정을 확보한 후 '반반 적립투자'로 원금과 이자를 상환해 가는 것은 한번 고민해 볼 만한 아이디어라고 생각합니다.

04

홍춘욱의
투자 철학은?

유용한 전략을 알려주셔서 감사합니다. 그런데 한 가지 궁금증이
있습니다. 박사님의 투자 철학은 어떻게 정리할 수 있을까요?

저는 역발상 투자자가 되기를 원합니다

이 질문을 받고 고민이 되더군요. 책을 쓰면 좋은 점이 평소에는
생각하지 못했던 부분에 대해 진지하게 고민하게 되는 것이 아닐
까 생각합니다.

저는 1990년대까지는 개별 종목 투자를 많이 했습니다. '소문에
사서 뉴스에 파는 투자'라고 볼 수 있죠. 과거에는 주식시장에 정
보가 공평하게 전달되지 않았기 때문입니다. 예를 들어, 모 전자 회

사의 사업 부문별 상세 매출 파일이 매월 초순 여의도 곳곳에 돌아다닐 정도였죠. 따라서 다른 이들보다 압도적인 정보 우위를 가진 이들이 많았고, 여의도에 있는 수많은 카페에서 이른바 '정보모임'이 열리곤 했습니다. 그러나 정보력의 우위는 공정공시 제도가 도입되면서 사라지고 말았습니다.[1] '공정공시'란 말 그대로, 모든 시장 참여자에게 정보에 대한 동등한 접근성을 보장해 주는 제도입니다. 2002년 발생했던 세계적인 에너지 기업, 엔론Enron의 회계분식 사태로 이 제도가 본격적으로 도입되었죠. 이후 여의도에서 일하는 것이 투자에 그렇게 장점으로 작용하지 않은 것 같습니다. 이때 많은 고민 끝에 저는 '역발상 투자자'의 길을 걷기로 결심했습니다.

역발상 투자란 제가 예전에 읽었던 《역발상 투자 불변의 법칙》(2005, 청년정신)에 소개된 것처럼, 주식시장이 패닉에 빠졌을 때 저가 매수를 하고, 주식시장이 버블 국면에 있을 때 매도하는 것입니다. 물론 이를 실행하는 건 쉽지 않습니다. 1999년이나 2001년처럼 각종 테마에 속한 기업들의 주가가 로켓처럼 치솟고, "돈 복사가 절로 된다" 같은 소리가 들릴 때 주식을 팔고 달러를 매입해야 하기 때문입니다. 여기서 달러를 들고 가는 이유는 주식시장의 버블이 붕괴될 때 가격이 가장 상승하는 자산이기 때문입니다. 제 나름대로 만든 역발상 투자 전략(혹은 달러 스위칭 전략)의 핵심은 한국 주식가격이 급등할 때 달러를 저가 매수하다가, 한국 주가가 폭락할 때 달러를 팔아 한국 주식을 사들이는 것입니다.

이 과정에서 환차익, 즉 싸게 산 달러를 비싸게 팔면서 차익을 얻는 것은 기본이죠. 그런데 이 전략을 사용하는 데에는 두 가지 문제가 있습니다.

가장 큰 문제는 남들이 큰돈을 벌 때, 저는 가격이 하락하는 자산을 매입해야 한다는 것입니다. 주식가격이 급등하고 환율이 뚝뚝 떨어지던 2021년 봄에 저도 굉장히 힘들었습니다. 이 문제를 해결할 수 있는 방법은 바로 반반 적립투자 등 다양한 분산투자 전략일 것입니다. 물론 경제에 대한 분석력을 키워서 현재 주식가격이 거품인지 아닌지 단호하게 판단할 수 있으면 더 좋고요.

두 번째 문제는 달러를 언제 팔아야 하느냐는 것입니다. 2022년 6월처럼 달러에 대한 원화 환율이 1,300원 수준을 넘어서 성층권으로 날아가기 시작하면 고민이 시작됩니다. "조금 있다 처분할까, 아니면 지금 다 팔아버릴까?" 하루에도 열두 번 이상 고민하게 되죠. 그래서 저는 분할해 매매합니다. 주가가 폭락했을 때, 환율이 급등하면 보유한 달러자산의 1/10을 매도하는 식이죠. 이렇게 하면 타이밍에 구애받지 않고 투자를 할 수 있게 되는 것 같습니다. 물론 2020년 이후에는 자산배분 투자를 위주로 하기에, 이런 고민은 예전보다 덜하게 되었고요.

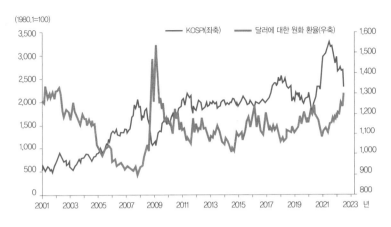

2001년 이후 KOSPI와 달러에 대한 원화 환율 추이

(1980.1=100)

KOSPI(좌축) · 달러에 대한 원화 환율(우축)

※ 한국은행, 프리즘 투자자문 작성.

대중과 반대로 가는 투자가
수익을 내는 쉬운 길이라고 생각합니다

이 대목에서 한 가지 질문이 있을 것 같아요. "대중이 가는 곳에 수익이 있지 않냐" 하는 질문 말입니다. 꽤 설득력 있는 이야기예요. 그러나 주식시장에서는 이런 예상이 종종 빗나갑니다. 왜냐하면 대중이 일거에 몰리는 순간, 주식가격이 설명할 수 없는 레벨로 가버리는 경우가 있거든요. 가장 대표적인 사례가 2021년 이후의

대체불가능토큰^{NFT} 테마가 아닐까 생각합니다.[2]

대중의 관심을 집중시킨 주식 테마에 속한 기업들의 장기 전망은 밝지만, 매수 열기가 집중될 때는 10년 혹은 그 이상의 미래 성장까지 가격에 미리 반영해 버리는 게 문제입니다. 특히 강력한 상승세가 나타날 때, 언제 차익을 실현해야 할지 판단하기 어렵다는 것도 문제가 됩니다. 자신이 매도한 다음에 주식가격이 2배 상승해 버리면, 주식이 저렴할 때 사서 얻었던 수익의 기쁨보다는 빨리 팔아버린 데 따른 후회가 더 커질 수도 있죠. 따라서 대중의 에너지가 집중된 '인기주'는 정점을 기록한 후에 급격히 무너지곤 합니다. 왜냐하면 투자자들이 '모멘텀(추세)'이 꺼지는 것을 확인한 후에 매도하고 싶어하기 때문입니다.

게다가 '너무 높아진 기대'도 종종 문제를 일으킵니다. 한 해에 100%의 성장을 기대하고 한 회사에 투자했는데, 성장률이 80%만 나오면 이 회사의 주가는 폭락할지도 모릅니다. 특히 회사의 고속 성장기가 끝나갈 때는 이런 문제에 쉽게 봉착하죠. 어떤 기업도 끝없이 고속 성장할 수는 없는데, 투자자들은 그렇게 생각하지 않을 수 있고, 이는 급격한 주가 변동을 촉발하게 되는 것이죠.

이런 일을 워낙 자주 겪다 보니, 저는 "대중과 다른 방향으로 움직일 때 수익이 발생한다"라는 투자 철학을 가지게 되었습니다. 대중들이 선호하는 주식들을 기피하는 대신, 장기 전망이 밝지만 일시적인 악재에 빠진 기업을 선호합니다. 2022년에는 아마 수출 대기업이 여기에 속하리라고 생각합니다. 달러에 대한 원화 환율이 1년 만에 200원 이상 폭등했는데, 수출 기업의 경쟁력이 훼손되지 않는 한 수익 전망이 점점 밝아지지 않겠습니까?

물론 이런 투자 기회는 자주 오지 않습니다. 그래서 저는 달러 스위칭 투자 및 자산배분을 통해 대부분의 자산을 관리하며, 개별 종목 투자는 극히 일부에 그치는 식으로 포트폴리오를 구성합니다.

2부

30대를 위한 투자법: 투자 3분법

1부를 읽으면서 반반 적립투자의 매력에 흠뻑 빠지셨으리라 생각합니다. 그런데 많은 30대가 저에게 질문합니다. "집을 사려면 좀 더 빠르게 돈을 모아야 합니다. 매년 소득이 늘어나고 있으니 약간의 손실은 감수할 수 있는데 어떻게 투자해야 할까요?"라고 말입니다.

2부는 투자의 경험이 쌓인 30대 그리고 일찍 취직한 20대를 위한 투자 방법을 소개할까 합니다. 주식시장의 위험을 인지하고, 또 어떤 현상이 벌어질 때 시장의 바닥과 천장이 도래하는지 감을 잡은 분들이라면 투자자산의 2/3를 주식에 투자하는 것을 추천합니다. 주식 비중이 이렇게 높아졌는데도, 생각보다 투자의 위험이 떨어진다는 사실에 놀랄 분들이 많으리라 생각합니다.

05

주식가격의 천장과 바닥을
예측할 수 없나요?

박사님, 반반 적립투자도 좋은데 주식을 고점에 팔고 저점에 매수
할 수는 없나요?

증시의 저점 판단에 도움 되는 지표 ①:
신용융자 잔고의 급격한 감소

저도 이 같은 고민을 많이 했습니다. 한국 주식시장이 10년에
4~5년씩 마이너스 성과를 기록하고, 또 종종 '잃어버린 10년'을 기
록하는데 이걸 귀신같이 예측할 수 있다면 큰돈을 벌 수 있을 테니
까 말입니다. 그런데, 100% 정확하지는 않지만 대체로 시장의 바닥
을 찾는 방법이 있습니다.

주식시장의 저점을 나타내는 첫 번째 징후는 신용·융자의 급격한 감소입니다. 신용·융자란, 돈을 빌려서 주식에 투자하는 것을 의미합니다. 이것을 '레버리지 투자'라고도 하죠. 레버리지 투자는 주가가 오를 때는 아주 큰 성과를 낼 수 있습니다만, 반대로 주가가 떨어질 때는 큰 난관에 봉착하게 됩니다. 예를 들어, 투자원금이 100만 원인데 200만 원을 빌려서 주식 투자를 하는 경우, 주가가 10% 오르면 300만 원이 330만 원 되니 수익률이 원금 대비 30%가 됩니다. 그러나 기대와 달리, 주가가 10% 빠지면 투자금 300만 원이 270만 원이 되기 때문에 투자원금은 70만 원으로 30% 손실을 볼 것입니다.

이 사례에서는 주가가 10% 오르거나 내린 경우만 설명했는데, 우리 주식시장의 상한가와 하한가는 +30%에서 -30%에 이릅니다. 즉, 하루에도 30% 혹은 그 이상도 빠질 수 있습니다. 만일 어떤 주식가격이 시초가는 1만 원이었다가 1만 2천 원으로 20% 상승한 후, 오후 장에서 7천 원으로 끝나면 1만 2천 원에 매입한 사람은 하루에만 주당 5천 원(-41.7%)의 손실을 입을 수도 있습니다. 따라서 만에 하나 원금을 다 잃어버릴 정도의 손실이 발생하면, 돈을 빌려준 금융기관이 "추가적인 담보를 제공하지 않는다면 반대매매를 하겠다"고 통보합니다. 여기서 반대매매란, 돈을 빌려 투자하는 이가 큰 손실을 봤을 때, 증권사가 고객의 동의 없이 임의로 처분하는 것을 뜻합니다.

물론 추가적으로 돈(담보)을 계좌에 넣으면 문제가 없는데, 신속하게 돈을 마련하지 못한다면 큰 손실을 본 상태에서 청산을 당하게 됩니다. 심지어 반대매매 과정에서 빌린 돈이 부족해질 때는 돈을 더 채워 넣어야 합니다. 따라서 반대매매가 벌어지는 경우 주식시장은 아주 급격한 하락세를 보이곤 합니다. 주식가격이 충분히 빠진 것 같은데도 연쇄적인 폭락이 나타나는 이유가 바로 반대매매 때문이라고 볼 수 있습니다. 따라서 반대매매 기사가 뜨고, 주식시장이 폭락하는 경우에는 증시의 '바닥'이 멀지 않았다고 볼 수 있습니다.[1]

● **신용융자가 급격히 늘고 줄어드는 것은 어떻게 파악하나요?**

제일 간단한 방법은 기사를 검색해 신용융자가 얼마나 늘고 줄어드는지 파악하는 것입니다만, 매일매일의 숫자 변화를 파악하고 싶다면, '금융투자협회 홈페이지(http://freesis.kofia.or.kr/)'에 접속하면 됩니다.

'주식 → 증시자금추이 → 신용공여현황 → 신용공여 잔고 추이' 순서로 가면 다음 그림을 볼 수 있습니다. 일별 혹은 주간별 데이터로 조회되며, 검은색 박스 부분을 클릭하면 엑셀로 데이터를 내려받을 수 있으니 편리하게 이용할 수 있습니다. 저 같은 경우는 신용융자가 급격히 늘면 주식시장이 과열된 것으로 해석하며, 반대로 신용융자가 급격히 줄어들면 반대매매가 이뤄지며 주식시장이 과도한 침체 국면에 빠져들 수 있다고 봅니다.

※ 금융투자협회.

● 2022년 6월 미국증시 사례를 살펴봅시다

신용융자의 변화가 주식시장에 어떤 영향을 미치는지, 2022년 상반기 미국 증시 사례를 통해 살펴보겠습니다. 2020년 코로나19 팬데믹 이후 미국증시 는 강력한 레버리지 투자를 경험했습니다. 2021년 여름 기준으로 약 3,500억 달러의 레버리지 투자자금이 시장에 유입되었습니다. 단 1년 만에 이 정도의 돈이 유입되었고, 또 유입된 돈의 대부분이 나스닥에 상장된 기술주에 집중 되었기에 폭발적인 주가 상승으로 연결되었죠.

그러나 2022년 초부터 상황이 달라지기 시작했습니다. 연준의 금리 인상과 우크라이나 전쟁 여파로 투자심리가 위축되면서 레버리지 투자자금이 감소 세로 돌아서기 시작했죠. 빚을 내서 주식 투자를 하던 사람들이 돈을 회수한 다는 것은 곧 주식을 매도했다는 이야기이니, 주식시장의 수급 불균형이 심 화되었습니다. 결국 3월을 고비로 레버리지 청산, 즉 반대매매가 시작되었습 니다.

2022년 상반기에만 약 2천억 달러의 투자자금이 감소했고, 투자자들은 자 신도 반대매매 대상이 될 것을 두려워하며 서둘러 차익을 실현하려 들었습 니다. 결국, 약 3개월에 걸쳐 주식시장은 수직으로 하락했고, 투자자들의 손 실도 극적으로 늘어났습니다. 물론 미국 주식시장에 끼었던 '거품'도 상당 부 분 해소되었죠.

이때 주의할 것은 워런 버핏을 비롯한 장기투자자들의 행동입니다.[2] 이후에 자세히 다루겠습니다만, 반대매매로 주식가격이 폭락했을 때 장기투자자들은 저가 매수에 나섭니다. 왜냐하면 주식가격이 저평가되었고, 또 많은 물량을 매집하더라도 가격의 변동이 크지 않을 것이기 때문입니다. 이 결과 앙드레 코스톨라니Andre Kostolany가 이야기했듯, "다수에서 소수로 주식 이전"이 발생하는 것입니다.[3] 다음번의 폭락장에서 워런 버핏처럼 저가 매수하는 쪽에 서기 위해서라도, 신용투자(레버리지 투자)의 흐름을 꼭 체크해 두기를 바랍니다.

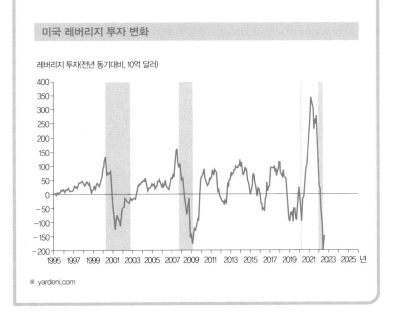

미국 레버리지 투자 변화

레버리지 투자(전년 동기대비, 10억 달러)

※ yardeni.com

증시의 저점 판단에 도움 되는 지표 ②:
주가 순자산가치 비율 0.8배

신용·융자 잔고에 못지않게 중요한 주식시장의 바닥 신호는 주가가 주당 순자산가치보다 20% 혹은 30% 싸게 거래되는 것입니다. 여기서 주당 순자산가치^{BPS, Book-value Per Shares}란, 어떤 기업의 순자산가치를 발행주식 수로 나눈 것을 뜻합니다. BPS는 기업이 지금 당장 모든 활동을 중단하고 기업의 자산을 주주들에게 나눠줄 경우, 주당 얼마가 돌아가는지를 나타내는 지표라고 할 수 있습니다.

예를 들어, 어떤 회사의 BPS가 1만 원인데, 지금 주가가 8천 원이라면, 이 회사의 주가는 BPS의 80% 수준이라고 할 수 있습니다. 이렇게 측정하는 지표를 주가 순자산가치 비율^{PBR, Price to Book-value Ratio}이라고 부르죠. 주가를 BPS로 나눈 값이라고 보면 됩니다. 그런데 PBR 지표를 전체 주식시장을 대상으로도 측정할 수 있는데, 다음 그림이 1995년 이후 한국의 주가가 어떤 PBR 레벨에 있는지를 보여줍니다. 그림에서 0.8x라고 표시된 점선이 바로 PBR 0.8배에 해당되는 주가 수준이며 1.0x는 BPS 수준입니다. 참고로 파란색 선은 MSCI Korea 지수로 1987년을 기준점(100)으로 만들어진 지수입니다. 이 지수는 한국 주식시장에 상장된 100여 개의 우량주로 구성되어 있습니다.

1995년 이후 한국 주식시장 PBR Band

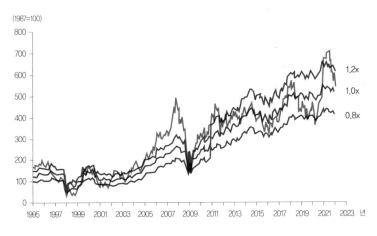

(1987=100)

1.2x
1.0x
0.8x

※ 블룸버그, 프리즘 투자자문 작성.

그런데 1995년 이후 우리나라 주식시장의 역사를 살펴보면, 두 가지 특성을 발견할 수 있습니다. 첫 번째 특성은 한국 주식시장의 BPS(1.0x)가 장기간 꾸준히 상승했다는 것입니다. 1997년이나 2008년처럼 경제위기가 발생했을 때는 BPS가 일시적으로 줄어들기도 하지만, 장기적으로 보면 꾸준히 우상향합니다. 두 번째 특성은 PBR 0.8x가 믿을 만한 바닥이라는 점입니다. 1997년 외환위기, 2001년 9.11 테러, 2008년 글로벌 금융위기, 2015년 중국 위안화 평가절하 사태 그리고 2020년 코로나19 팬데믹 등 심각한 위기가 발생할 때마다 PBR 0.8x까지 혹은 그 이하 수준으로 주가가 떨어집니다. 그러나 그다음에는 항상 강력한 주가 반등이 출현한 것을 발견할 수 있죠. 따라서 신용융자가 급격히 줄어들고 PBR이 0.8x 전후라면 주식 매수를 적극적으로 고려해야 합니다.

● **종목별 BPS 수준은 어떻게 찾나요?**

삼성전자(005930)의 BPS를 알고 싶을 때는 네이버 증권(https://finance.naver.com/)에 접속한 후, 종목 검색창에 '삼성전자' 혹은 '005930'을 입력합니다. 여기서 '종목분석 → 투자지표' 순서로 클릭하면, 다음 그림을 볼 수 있습니다. BPS 이외에도 주당 순이익EPS 등 다양한 지표를 볼 수 있습니다.

항목	2017/12 (IFRS연결)	2018/12 (IFRS연결)	2019/12 (IFRS연결)	2020/12 (IFRS연결)	2021/12 ● (IFRS연결)	전년대비 (YoY)
⊞ EPS	5,421	6,024	3,166	3,841	5,777	50
⊞ BPS	30,427	35,342	37,528	39,406	43,611	11
⊞ CPS	8,151	9,200	6,681	9,611	9,585	-0
⊞ SPS	31,414	33,458	33,919	34,862	41,163	18
⊞ PER	9.40	6.42	17.63	21.09	13.55	-35.73
⊞ PBR	1.67	1.09	1.49	2.06	1.80	-12.66
⊞ PCR	6.25	4.21	8.35	8.43	8.17	-3.06
⊞ PSR	1.62	1.16	1.65	2.32	1.90	-18.13
⊞ EV/EBITDA	4.00	2.00	4.88	6.63	4.89	-26.18
⊞ DPS	850	1,416	1,416	2,994	1,444	-52
현금배당수익률	1.67	3.66	2.54	3.70	1.84	-1.85
현금배당성향(%)	14.09	21.92	44.73	77.95	25.00	-52.95

※ 네이버 증권.

● **한국 주식시장의 PBR은 어떻게 확인할 수 있나요?**

제일 먼저 한국거래소(KRX.co.kr) 홈페이지에 방문한 후, '정보 데이터 시스템 → 지수 → 주가지수 → PER/PBR/배당수익률' 순서로 클릭하면 다음 그림을 볼 수 있습니다. 2021년 3월 2일 기준으로 측정된 한국 코스피의 PBR은 1.10x 인데, 매년 3월 말에 2021년 통계가 반영되니 아마 1.0 혹은 그 밑으로 떨어질 것 같습니다. 물론 앞으로 1년 정도 투자할 각오가 되어 있는 분이라면 2022년 의 PBR을 추산해서 투자하는 것도 가능하겠죠.

※ 한국거래소.

증시의 고점 판단에 도움 되는 지표 ①:
바텀-업 투자자의 매도 여부

앞에서 주식시장의 바닥을 잡는 방법에 관해 대략이라도 말씀드 릴 수 있었습니다만, 증시의 고점을 잡는 데 도움 되는 지표는 그렇 게 많지 않고 또 있더라도 부정확합니다. 예를 들어, 신용융자가 급 격히 늘어나고 PBR이 역사적인 평균(1.10x)을 크게 넘어선 이후에 도 주가 상승세가 이어지는 경우가 잦습니다. 왜 이런 일이 벌어지는가 하면, 주식시장이 강한 상승세를 보일 때 더 많은 돈이 시장에 유입되는 일이 종종 벌어지기 때문입니다.

이런 현상을 '모멘텀momentum' 효과라고 부릅니다. 여기서 모멘텀이란, 가격이 어떤 방향을 정하면 계속 그 방향으로 움직이려는 특성을 의미합니다. 모멘텀 투자자의 주장을 요약하면 다음의 인용구가 될 것 같습니다.[4]

> 큰돈을 벌려면 개별적인 등락이 아니라 시장 전체의 추세를 판단해야 한다. (중략) 너무 올랐다는 이유로 못 살 것도 없고, 너무 내렸다는 이유로 못 팔 것도 없다.

이 말을 한 사람은 세계 금융시장의 중심가인 월가Wall Street의 큰 곰Big Bear, 제시 리버모어Jesse Livermore입니다. 그는 1877년 가난한 농부의 아들로 태어났지만, 14세 때 보스턴의 한 증권회사 시세판 담당자로 일하며 주식 투자의 길을 걷기 시작했다고 합니다. 당시는 컴퓨터 발명 전이었기에 월가에서 이뤄지는 거래를 전화나 전신을 통해 받은 후에 증권사 객장에 걸려 있는 칠판에 일일이 적었는데, 이를 시세판이라고 불렀습니다. 제시 리버모어는 이 일을 계기로 주식 투자에 뛰어들었는데, 1년 뒤 회사에서 받는 급료보다 투자수익이 많아지자 아예 전업투자자로 변신했다고 합니다. 그는 1906년

샌프란시스코 대지진 전후의 주가 폭락 국면에 공매도^{short selling}함으로써 큰 자산을 쌓은 후, 1929년 대공황 당시 주식 매도 공세를 주도하며 '월가의 큰곰'이라는 별명을 얻었습니다.

참고로 공매도란, 주식을 빌려서 매도하는 것을 뜻합니다. 예를 들어, 어떤 이가 1만 원에 거래되는 A사의 주식 1,000주를 금융기관으로부터 빌려서 매도했다고 가정해 보겠습니다. 이때 공매도 규모는 1천만 원이죠. 그런데, 만일 A사 주가가 5천 원으로 내려간다면? 1,000주를 1천만 원에 빌렸는데, 이제 그 가치가 500만 원이 된 셈입니다. 만일 이 투자자가 시장에서 1,000주를 500만 원에 사서 금융기관에 갚는다면, 500만 원의 이익이 발생한 것으로 볼 수 있죠. 따라서 공매도 전략은 주가가 하락할 때 돈을 버는 방법이라고 볼 수 있습니다.

리버모어는 주식가격이 어떤 방향으로 움직이든 돈을 벌고 싶어했기에, "지금 시장이 강세장인지 약세장인지 이야기하는 것을 주저하지 말라"고 조언합니다. 여기서 강세장이란 주식가격이 계속 상승하며 주식 거래량이 늘어나는 시기를 뜻하며, 약세장이란 주식가격이 하락세로 돌아서고 투자자들이 상심하여 아예 주식시장을 떠나려 하기에 거래량도 줄어드는 시기를 의미합니다. 제가 증권사에 다닐 때, 제시 리버모어의 주장을 활용해 '지난 1년간 주가 상위 종목에 투자'하는 전략을 테스트해 보았습니다. 즉, 한국을 대표하는

200대 대기업(KOSPI200)의 지난 1년간 상승률을 조사한 후, 가장 뛰어난 성과를 기록한 20개 종목에 투자했더니, 연 19.2%의 복리 수익률을 올릴 수 있었습니다.[5] 그러나 주식시장에는 모멘텀 투자자만 있는 게 아니기에, 상승 탄력이 무한정으로 이어질 수 없습니다.

주식가격이 끝없이 상승한다 싶을 때 그리고 모멘텀 투자 전략이 인기를 끌 때 주식을 오히려 팔아 치우는 사람들이 등장하는데, 이들이 바로 바텀-업 투자자들입니다. 바텀-업bottom-up이란, 기업의 사업 내용을 잘 분석한 후에 주가가 내재가치에 비해 저평가되었을 때 주식을 매입하고, 반대로 내재가치보다 주가보다 높다 싶을 때는 주식을 팔아 치우는 전략입니다. 여기서 내재가치란, 미래까지 기업이 벌어들일 이익의 현재 가치라고 볼 수 있습니다. 주식 투자로 세계적인 부자가 된 워런 버핏Warren Buffett은 다음과 같이 투자에 의 기준을 제공합니다.[6]

"내가 찾는 기업은 ①우리가 그 사업을 이해하고, ②장기 경제성이 좋으며, ③경영진이 유능하며 믿을 수 있고, ④인수가격이 합리적인 기업입니다. (중략) 진정으로 위대한 기업이 되려면 탁월한 수익률을 지켜주는 항구적 '해자垓子'를 보유해야 합니다. 어떤 기업이 높은 수익을 내면 자본주의 역학에 따라 경쟁자들이 그 성城을 끊임없이 공격하기 때문입니다. 따라서 탁월한 실적을 유지하려면 낮은 생산원가나 강력한 세계적 브랜드 등 진입장벽을 보유해야만 합니다."

이 원칙에서 본다면, 주가가 급등해 내재가치를 웃돌 때 바텀-업 투자자들의 주식 매도가 나타날 것입니다. 예를 들어, 2019년 말의 인터뷰에서 워런 버핏은 "투자할 종목이 없어서 현금만 150억 달러를 들고 있다"고 인터뷰한 적 있었습니다.[7] 2020년 초, 코로나19 팬데믹으로 인한 주식시장의 폭락을 고려할 때, 워런 버핏이 얼마나 뛰어난 안목을 가졌는지 짐작할 수 있습니다. 따라서 주식시장에 바텀-업 투자자들이 매도하는 징후가 나타날 때는 주식가격의 하락 위험에 대비할 필요가 있습니다. 참고로 바텀-업 투자 방법을 배우고 싶은 분들은 17장 말미에 소개할 책을 읽어보기를 추천합니다. 국내에 아주 좋은 책들이 출간되어 있습니다.

그럼, 바텀-업 투자자의 매도 징후를 어떻게 파악할 수 있을까요? 분기가 끝난 다음 미국 증권감독원[SEC]에서 발표하는 매매 내용을 보는 것도 좋지만, 저는 이때 연기금의 매매에 주목합니다. 연기금은 수십 년 뒤에 가입자에게 연금을 지급해야 하기에, 투자기간이 매우 깁니다. 그리고 먼 훗날을 바라보면서 투자하는 이들은 주식가격이 매우 싼 것으로 판단되는 시기에만 주식을 매입할 여유와 판단력을 가질 수 있습니다. 반대로, 주가가 급등해 연기금이 보유한 전체 자산에서 주식 비중이 높아진다 싶을 때는 비싸다고

2001년 이후 KOSPI와 연기금 순매수(누적)의 관계

(1980=100) 조 원

- KOSPI(좌축) - 연기금(누적, 우축)

※ 한국은행, 프리즘 투자자문 작성.

판단되는 주식 위주로 매도(리밸런싱)할 가능성이 큽니다. 따라서 신용·융자의 급격한 증가 여부 못지않게 한국의 연기금 투자자들이 어떤 식으로 행동하는지도 살펴볼 필요가 있습니다.

위 그림은 한국의 종합주가지수^{KOSPI}와 연기금 투자자의 매매 흐름을 보여주는데, 2010년 이후 연기금 투자자들의 순매수가 마이너스로 전환된 이후 KOSPI가 빠지는 것을 발견할 수 있습니다. 대표적인 경우가 2010년, 2017년 그리고 2020년입니다. 물론 주식시장의 고점은 2011년, 2018년 그리고 2021년에 출현했다는 것을 잊어서는 안 됩니다. 즉, 연기금의 주식 매도 이후 상당 기간이 지나야 주식시장의 고점이 나옵니다. 따라서 주식시장의 고점에서는 단호하게 행동하기보다 점진적인 매매가 중요하다고 생각됩니다.

● **모멘텀 효과가 나타나는 이유**

모멘텀 전략이 왜 효과를 발휘하는지, 이해하지 못하는 분들이 꽤 많으리라 생각합니다. 제가 최근에 읽은 《퀀트 모멘텀 투자 기법》에는 다음과 같이 모멘텀 전략의 특이함을 설명합니다.[8]

> 페이스북은 지난해 100% 상승했고 주가수익비율은 15배인 반면, 구글은 50% 하락했고 주가수익비율은 15배라고 하자. 이 둘 중에 어떤 주식이 더 유망한가? 고전적인 가치 투자자의 관점에서 보면, 둘 모두 주가수익비율이 15이므로, 밸류에이션 측면에서는 동일하다. 그러나 심리학의 관점에서 보면, 일부 투자자들은 구글이 더 나은 기회라고 느낄 것이다. 왜냐하면 가격이 하락함으로써 '매력적인 투자대상'으로 부각될 수 있기 때문이다.
>
> 특히 어떤 가치투자자가 100%나 상승한 주식을 사려고 할 것인가? 가치투자자들은 강한 가격 상승 움직임은 의심하도록 뼛속부터 각인되어 있다. 이는 우리 스스로가 본래 가치투자자로서의 특성을 지니고 있기 때문이다. (중략) 이러한 불신은 일반적으로 모든 투자자가 느낀다. 물건값이 더 상승하고 나서 사려는 얼간이는 아무도 없다.

그런데 왜 가격의 상승 모멘텀이 강한 주식들에 투자하는 이들이 즐비할까요? 이에 관해 이 책의 저자 웨슬리 그레이와 잭 보겔은 편견이 모멘텀 효과를 더욱 지속시킨다고 지적합니다.[9]

52주 신고가를 기록한 주식을 생각해보자. 많은 투자자들은 펀더멘털 기준으로 볼 때, 이 회사가 저평가되어 있더라도 '주가가 과대 평가되었고 더 오를 가능성이 없다'고 해석할 가능성이 높다. 이러한 해석은 명백히 잘못된 것이다. 52주 신고가 주식의 이후 수익률은 52주 신저가 기록을 경신한 주식의 수익률을 크게 앞지른다.

많은 시장 참여자가 주가가 (최근의 급등으로 인해) 과대 평가되었다는 편견을 갖고 있다면 (중략) 펀더멘털에 비해 주식가격이 저평가되는 상황에 처할 수 있다. 이러한 상황은 모멘텀 투자가 본질적으로 가치투자의 '적'이 아니라 '사촌'에 가깝다는 것을 시사한다.

왜 그럴까? (중략) 모멘텀 투자의 우월한 성과는 단기적으로 강력한 펀더멘털의 개선이 나타났지만, 투자자들이 이를 비관함으로써 미래의 기대치에 비해 여전히 주가가 싸게 거래되어 발생하는 것으로 특징지을 수 있다.

흥미로운 이야기가 아닐 수 없습니다. 투자자들이 급등주를 저평가함으로써, 오히려 호재가 주가에 제대로 반영되지 못하도록 만든다는 이야기는 새겨볼 가치가 있다고 생각합니다.

증시의 고점 판단에 도움 되는 지표 ②:
대규모 IPO

신용·융자 잔고가 급격히 증가하고 연기금의 주식 매도 공세가 본격화되었는데도 주가가 급등할 때는 한 가지 지표를 더 조사할 필요가 있습니다. 그것은 바로 주식의 대규모 공급입니다.

주식시장은 주식회사의 지분이 거래되는 곳이다 보니, 새로운 회사가 상장될 때는 예전보다 더 많은 주식 공급이 출현합니다. 이를 줄여서 IPO$^{Initial Public Offering}$라고 부르기도 하며, 2020년부터 주식 투자를 시작한 분들은 IPO 열풍이 불어오는 것을 경험하셨을 겁니다. 예를 들어, LG에너지솔루션 상장 공모 때는 무려 114조 원의 자금이 청약을 위해 몰릴 정도로 인기를 끌었습니다.[10]

이와 같은 대규모 IPO는 주식시장의 '정점'을 알리는 신호 역할을 합니다. 왜냐하면 주식시장 역시 수요와 공급에 의해 주가가 결정되기 때문이죠. 가장 대표적인 사례가 2020년 하반기부터 2022년 초였습니다. 이때 KOSPI200 지수에 무려 아홉 개의 기업이 새로 편입되었죠.[11] 여기서 KOSPI200 지수란, 한국을 대표하는 우량주로 구성된 주가지수를 뜻합니다. 이 지수는 국민연금을 비롯한 한국 대부분의 기관 투자자들이 펀드매니저의 성과를 평가하는 잣대로 사용합니다. 따라서, 이 지수에 새로운 상장종목이 편입될 때 펀드매니저들은 새로 편입되는 주식을 매입하기 위해 기존에 보유하던 주식을 팔아야 합니다.

그러나 이보다 더 큰 문제는 신규 상장종목이 투자자들에게 수익을 올려주지 못한다는 점입니다.[12] 왜냐하면 상장 이후 대주주 혹은 초기 투자자들이 주식을 매도할 가능성이 크기 때문입니다. 흔히 이를 '보호예수 해제 충격'이라고 부르는데, 상장 후 6개월에서 1년 정도가 지난 다음, 대주주들이 주식을 팔 수 없게 만든 보호예수 기간이 종료된 이후에 주가가 빠지는 현상을 의미합니다.

물론 이런 현상은 우리나라에서만 일어나는 일이 아닙니다. 펜실베이니아 와튼경영대학원 제레미 시겔Jeremy J. Siegel 교수의 책《투자의 미래》에 따르면, 1968~2000년 미국증시에 상장된 8,606개 기업들 중 단 20%만이 다른 주식보다 더 뛰어난 성과를 거두었다고 합니다.[13] 이런 일이 벌어지는 가장 큰 이유는 새로 상장되는 기업의 주가가 시장의 평균적인 잣대에 비교했을 때 너무 비싸기 때문입니다. 주식시장에 새로 상장하는 회사는 꾸준히 기회를 노리다가 자신의 회사가 '높은 평가를 받는' 시기에 상장합니다. 그래야 창업 이후 투자해 준 이들에게 큰 보상을 줄 수 있기 때문입니다.

따라서 시장을 떠들썩하게 만들 정도의 초대형 IPO는 주식시장 입장에서 삼중고를 유발합니다. KOSPI200 지수에 편입되는 과정 중 지수에서 빠지는 종목에 대한 대규모 매도가 나오고, 보호예수 기간이 끝나면 대주주 및 초기 투자자의 매물이 출회될 뿐만 아니라, 비싼 값에 주식이 상장되며 주식시장을 고평가 상태로 만들기 때문입니다. LG에너지솔루션이 대표적인 사례인데, 2022년 예상 이익 기준으로 PBR은 무려 5.7배에 이릅니다.[14] 참고로 2021년 말 한국 주식시장의 PBR이 1.1배 전후였다는 것을 고려할 때, LG에너지솔루션의 상장은 주식시장의 PBR을 크게 높이는 결과를 가

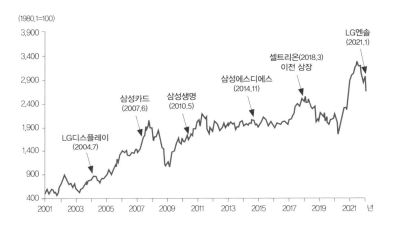

2001년 이후 KOSPI와 주요 기업 신규 상장의 관계

(1980.1=100)

- LG엔솔 (2021.1)
- 셀트리온(2018.3) 이전 상장
- 삼성에스디에스 (2014.11)
- 삼성생명 (2010.5)
- 삼성카드 (2007.6)
- LG디스플레이 (2004.7)

※ 한국은행, 프리즘 투자자문 작성.

저왔습니다.

따라서 주식의 바닥 여부를 판단할 때는 신용·융자의 급격한 감소 및 PBR의 레벨을 확인하는 자세가 필요하며, 반대로 주식의 천장을 파악하기 위해서는 신용·융자의 급격한 증가 여부와 연기금의 매매 그리고 대규모 IPO의 증가를 점검하는 자세가 필요할 것입니다.

- **IPO 주식에 투자할 때 '보호예수 종료'를 체크해야 하는 이유**

최근 크래프톤이나 카카오뱅크처럼, 큰 인기를 모으며 데뷔했던 기업들의 주가가 공모가 아래로 내려앉는 것을 보며 '공모주 투자의 방법'에 관해 궁금증을 가진 분들이 적지 않으리라고 생각합니다.[15] 이에 대해 최근 읽은 흥미로운 논문의 한 대목을 소개하고자 합니다.[16]

> 누적 평균 초과수익률은 의무보호예수 종료일 10일 전부터 마이너스 성과를 기록했으며, 의무보호예수 종료 후 거래일까지의 누적 성과는 −3.94%에 달한다. 이는 대주주들이 의무보호예수가 종료되면 보유하고 있는 주식을 처분하고 있다고 해석할 수 있는 결과이다.

내용이 어렵죠? 먼저 초과수익률이란, 같은 기간 종합주가지수KOSPI 등 시장을 대표하는 주가지수 대비 성과를 뜻합니다. 예를 들어, 한 달 동안 KOSPI가 5% 상승했는데, 연구 대상 종목의 성과가 1%라면, 초과성과는 −4%라고 볼 수 있습니다. 결국, 대주주를 비롯한 주요 주주의 매도가 쏟아지면서 시장보다 부진한 성과를 기록하는 게 일반적이라고 볼 수 있겠습니다.

다음으로 보호예수란, 새로운 회사가 상장할 때 기존 주주의 주식을 한국예탁결제원에 의무적으로 예탁하는 제도를 의미합니다. 신규 상장 공모 과정에 참여한 소액 주주들이 피해를 보지 않도록 만든 제도인데, 일정 기간이 지나면 보호예수가 풀리면서 기존 주주의 물량이 시장에 쏟아지게 됩니다. 통상적인 보호예수 기간은 180일 이상이니, 종목별로 주요 주주들의 물량이 언제 풀리는지를 점검하고 투자할 필요가 있습니다.

06

미국 주식에 투자하면
어떨까요?

박사님, 주식시장의 바닥과 천장을 잡기가 이렇게 어려운지 처음
알았습니다. 그렇다면 미국 주식은 이런 면에서 좋은 투자 대상이
아닐까요?

미국 주식은 좋은 투자 대안입니다!

좋은 질문입니다. 한국 주식시장이 전형적인 '고위험·고수익' 시
장이라면, 미국은 '중위험·고수익'을 기대할 수 있는 시장이니까요.
1981년 이후 미국 주식시장의 수익률 분포, 즉 히스토그램을 보면
다음 그림처럼 매우 근사한 종^鐘모양을 하고 있는 것을 발견할 수
있습니다. 연 복리 수익률이 11.0%에 이르면서, 마이너스 수익을 기
록할 확률은 단 17.5%에 불과하니까 말입니다.

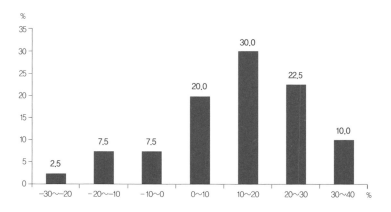

1981년 이후 미국 주식의 수익률 분포(달러, 배당금 재투자 기준)

※ 블룸버그, 프리즘 투자자문 작성.

반면 한국 주식시장의 분포는 종 모양과 거리가 멉니다. 배당금을 아무리 재투자하고, 장기에 걸쳐 투자하려고 해도 마이너스 수익을 기록할 확률이 무려 37.5%에 이르니까 말입니다. 참고로 배당금을 받는 족족 소비했다면, 마이너스 수익을 기록할 확률이 42.5%까지 올라갑니다. 마이너스 수익이 자주 출현하다 보니 수익률도 미국에 뒤처져, 한국 투자자들에게 미국 주식의 매력이 강조되는 것은 당연한 일이라고 할 수 있겠습니다.

1981년 이후 한국 주식의 수익률 분포(배당금 재투자 기준)

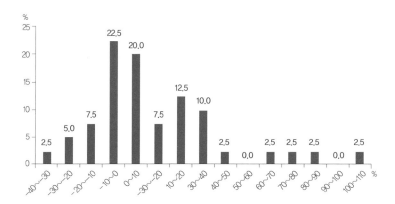

※ 한국은행, 프리즘 투자자문 작성.

1981년 이후 미국 주식의 수익률 분포(원화 환산, 배당금 재투자 기준)

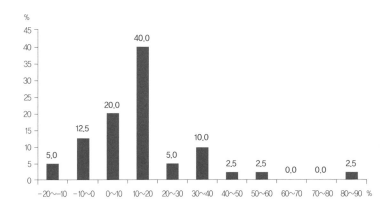

※ 블룸버그, 프리즘 투자자문 작성.

미국 주식에 투자하면 어떨까요?

왜 '한국 주식과 미국 국채 투자 조합'을 추천했나요?

그런데 "왜 반반 투자 전략을 추천했느냐"고 질문할 분들이 있을 것 같습니다. 한국 주식을 투자 대상으로 추천한 첫 번째 이유는 우리가 한국 사람이기 때문입니다. 앞의 '1981년 이후 미국 주식의 수익률 분포' 그래프는 미국 주식 투자의 수익률을 원화로 환산했을 때의 성과를 보여주는데, 옆으로 크게 퍼진 모습을 하고 있습니다. 달러로 측정한 미국 주식시장의 수익률 분포는 종 모양으로 생겼는데, 전혀 딴판이죠.

이런 현상이 나타난 이유는 한국의 원화가 기본적으로 위험자산이기 때문입니다. 불황이 닥치면 달러에 대한 원화 환율이 급등하고, 반대로 호황이 시작되면 외국인 투자자들이 한국 주식시장에 진입하며 해외에 투자하던 이들도 국내로 눈을 돌리면서 환율이 급락합니다. 따라서 2020년처럼, 한국 주가가 급등하고 환율이 떨어질 때는 미국 주식에 투자했던 이들의 성과가 상대적으로 크게 나빠지는 것입니다. 따라서 미국 주식은 장기 성과가 뛰어난 자산이기는 하지만, 이 특성을 이해하지 않고 투자할 때는 문제가 생기기 쉽습니다.

그리고 미국 주식에 투자할 때의 두 번째 문제는 '최근성 편향'입니다. 최근성 편향이란, 과거에 발생한 사건보다는 최근에 벌어진 일을 훨씬 더 두드러지게 기억하고 강조하는 현상을 뜻합니다. 2021년 한국의 투자자 중에는 미국증시의 강력한 랠리에 도취되어 "미국 주식이 최고"라고 외치는 이들이 늘어났습니다. 제가 이 흐름을 몸소 체감한 것이 "TQQQ? 30대라면 레버리지 ETF 하지 마세요"라는 동영상을 제 유튜브 채널에 올린 직후의 반응 때문이었습니다.[1] 여기서 TQQQ란, 나스닥100 지수에 대한 3배 레버리지 상품을 뜻합니다. 2020년 3월 주식시장 폭락 국면에 TQQQ는 8.88달러에 거래되었습니다만, 2021년 11월 19일 88.57달러까지 상승했죠. 즉, 1년 반 만에 10배 상승한 셈입니다. 이게 레버리지의 힘이죠. 그러나, 저는 이 열풍이 대단히 걱정스러웠습니다. 왜냐하면 레버리지 상품이 가지고 있는 위험성은 아무도 이야기하지 않았고, 또 시장금리가 상승할 때는 성장주가 얼마나 큰 고통을 받는지 고려하지 않는다는 느낌을 받았기 때문입니다.

다시 말해, 2021년 여름 상당수 투자자들은 "TQQQ만 사면 부자가 될 수 있다"며 무작정 사기만 할 뿐 주식시장이 조정을 받을 수 있다는 것에는 전혀 대비하지 않았던 것입니다. 그러나 자본시장의 역사를 살펴보면, 이런 때는 투자하기에 좋지 않은 시기라는 것을 금방 알 수 있습니다. 가장 대표적인 시기가 2000년입니다. 당시의 나스닥100 지수 흐름을 보면 1998년 10월 9일 1,174p에서 2000년 3월 말 4,470p까지 급등한 바 있습니다. 이때 투자자들

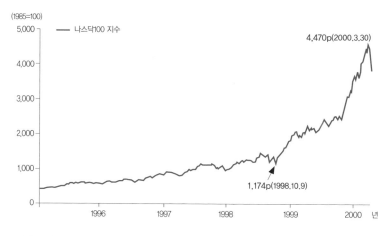

1990년대 말 나스닥100 지수 추이

(1985=100)

5,000 ── 나스닥100 지수

4,000

3,000

2,000

1,000

0

4,470p(2000.3.30)

1,174p(1998.10.9)

1996   1997   1998   1999   2000   년

※ 세인트루이스 연방준비은행, 프리즘 투자자문 작성.

은 주가가 너무 높은지, 혹은 너무 낮은지 판단하기 위해 믿을 만한 이론을 대입해 보지 않았습니다. 대신, 주가가 오르는 것을 지켜보면서 무슨 일이 일어나고 있는지 합리화하기 위한 설명을 지어내기에 바빴죠. 특히 "생산성의 혁신으로 저물가·고성장의 신경제 new economy가 끝없이 이어질 것"이라는 유의 낙관적인 주장이 세력을 얻었습니다. 그러나 1999년 말부터 미 연준의 정책금리가 인상된 이후에 나스닥 시장은 그대로 무너졌고, 2002년 11월에는 나스닥100 지수가 840p까지 떨어지고 말았죠.

6장

- **TQQQ는 2022년 상반기 폭락장에서 어떤 모습을 보였나?**

한국의 서학개미들이 가장 선호하는 종목 TQQQ의 흐름에 대해 살펴보겠습니다. 2022년 1월 초 TQQQ 주가는 85.57달러였던 것이 6월 말에는 24.83달러까지 떨어졌으니, 약 71% 하락한 셈입니다. 참고로 같은 기간 미국 나스닥100 지수를 추종하는 ETF, QQQ는 2021년 초 401.68달러에서 6월 말 280.28달러로 떨어져 30% 손실을 기록했습니다. 주가가 상승할 때의 높은 성과만 볼 것이 아니라, 예측이 빗나갈 때 어떤 일이 초래되는지에 대해서도 한번 고민해 볼 필요가 있으리라 생각됩니다.

※ 구글.

금리가 인상되면 왜 주가가 폭락하나요?

이 부분에서 금리가 인상되면 왜 나스닥 시장이 폭락하는지 의

문을 느끼는 분들이 있으리라고 생각됩니다. 이 문제를 설명하기 위해서는 주가수익비율PER, Price to Earing Ratio에 대해 살펴볼 필요가 있습니다. PER이란 주가를 주당 순이익으로 나눈 값을 뜻하며, 직관적으로 '몇 년 동안의 이익을 모아야 현재 주식을 살 수 있는지' 를 보여줍니다. 예컨대 주당 순이익이 1천 원인 A사의 주가가 2만 원이라면, A사의 PER은 20배라고 할 수 있습니다.

구글이나 아마존처럼 가파른 매출 성장을 보이는 인기 주식(이하 '성장주')들은 현재의 이익으로 계산된 PER 수준이 다른 기업에 비해 높은 경향이 있습니다. 연 30%의 이익 성장이 기대되는 성장주의 주당 순이익이 1달러 그리고 주가가 100달러라면, PER은 100배입니다. 미국 주식시장의 역사적인 평균 PER이 18배라는 점을 고려할 때, 대단히 높은 수준입니다. 그러나, 이익이 매년 30%씩 늘어나기에 5년 뒤의 주당 순이익은 3.7달러가 되어 PER은 27배로 떨어질 것입니다. 따라서 성장주에 투자하는 이들은 현재의 이익보다는 미래의 성장을 훨씬 중시합니다. 현재 주식을 보유한 데 따르는 기대수익률이 매우 낮더라도 미래를 믿고 투자하는 것이죠. 참고로 주식의 기대수익률은 PER의 역수(주당 순이익/주가×100)로 계산되며, PER이 100배인 성장주의 주식수익률은 1%입니다(1천 원/10만 원×100).

이 상황에서 금리가 오르면 어떤 일이 벌어질까요?

성장기업의 최고경영자는 증자를 진지하게 고민할 것입니다. 증자란, 주주들에게 일정 액수의 돈을 받는 대신에 주식을 추가로 발행하여 지급하는 것을 뜻합니다. 증자 과정에서 주주들의 돈이 기업으로 가는 대신, 주주들은 예전보다 더 많은 주식을 가지게 됩니다. PER이 높은 기업들이 자주 증자를 하는 가장 직접적인 이유는 주가 상승으로 미래에 대한 자신감이 높아졌기 때문이겠지만, 다른 한편으로는 금리 상승과 같은 시장 환경의 변화에 대응하기 위한 목적일 수도 있습니다.

　첫 번째 요인에 관해 좀 더 부연 설명하자면, 미국의 여러 재무학자들이 증자를 단행한 기업들의 이후 성과를 추적한 결과, 흥미로운 현상을 하나 발견했습니다.[2] 그것은 다름이 아니라 증자 이후에 기업들의 실적이 점점 나빠진다는 것입니다. 이런 현상이 나타난 이유는 최고경영자가 최근의 주가 상승에 도취되어 "주식시장에서 계속 자금을 조달할 수 있으니, 뭐든 해보자"는 식의 생각을 가지기 때문으로 풀이됩니다. 주가 상승 이후에 기업들의 투자가 늘어나고, 또 인건비가 치솟는 일이 종종 벌어지는 것은 이 때문이라고 하겠습니다.

　이제 다음 순서로 금리 인상이 단행되었을 때, 증자가 빈발하는 이유에 대해 살펴보겠습니다. 지난 1999년 말 미국의 중앙은행(연방준비제도이사회)은 경기가 과열되고 인플레이션 압력이 높아지는 것에 대응해 정책금리를 6%까지 인상했습니다. 그런데 당시 나스닥

100 지수의 PER이 100배에 이르렀기에, 주식의 기대수익은 단 1%에 불과했습니다.[3] 이런 상황에서 어떤 최고경영자는 "지금 증자해 자금을 조달한 다음, 채권을 사면 이익이 아닐까?"라는 생각을 하기 쉽습니다. 왜냐하면 주식의 기대수익률은 1%에 불과한데, 은행의 예금 금리는 6%에 이르렀으니까 말입니다.

따라서 금리가 상승하면 고PER 기업부터 주식의 공급(증자, IPO 등)이 급격히 늘어납니다. 물론 이를 만회할 정도로 많은 돈이 시장에 유입되는 동안에는 주식가격이 더 상승할 수도 있습니다. 그러나, 금리 인상은 주식에 대한 수요도 낮추는 역할을 합니다. 왜냐하면 '위험을 무릅쓰고 주식에 투자하는 것보다 은행 예금이 더 낫지 않을까?'라고 생각하는 이들도 늘어날 것이기 때문입니다. 결국 PER이 대단히 높아진 상태에서 금리가 인상되면, 특히 성장주는 큰 타격을 받게 됩니다.

미국에서만 이런 일이 벌어진다고 생각하면 오산입니다. 최근 상장한 한국의 모 게임회사가 주주들로부터 조달한 많은 돈으로 부동산을 구입하고, 이후 주가가 부진한 흐름을 보인 것을 보면서 씁쓸했던 기억이 있습니다.[4] 결국, 기업의 최고경영자가 생각하는 적정한 주가수익비율을 넘어 주가가 계속 상승하면 주식의 공급도 늘어날 가능성이 커집니다. 2021년 한국 종합주가지수가 3천 p를 넘어설 때 IPO 및 증자가 그렇게 많았던 것은 이 때문이라고 하겠

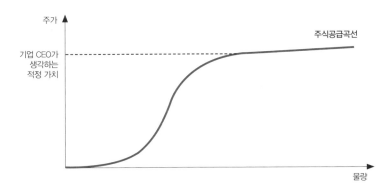

주가 변화에 따른 주식 공급물량의 변화

주가

주식공급곡선

기업 CEO가
생각하는
적정 가치

물량

※ 프리즘 투자자문 작성.

습니다. 특히 2021년 8월의 한국은행 정책금리 인상 이후에 증자가
더욱 많았던 것을 꼭 기억했으면 합니다.

그럼 어떻게 투자해야 할까요?

결국 지금 미국 나스닥 시장이 좋다고 여기에 올인하기보다는
분산해 투자하는 게 나을 수 있다는 이야기가 되겠습니다. 이상의
내용을 고려해 만든 전략이 '투자 3분법'입니다. 이름 그대로, 한국

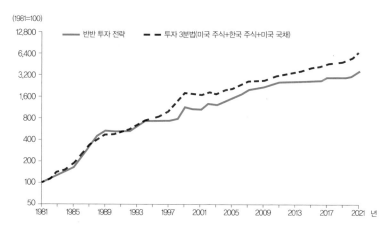

1981년 이후 '반반 투자 전략'과 '투자 3분법'의 성과 비교

(1981=100)

— 반반 투자 전략   - - 투자 3분법(미국 주식+한국 주식+미국 국채)

※ 블룸버그, 한국은행, 프리즘 투자자문 작성.

주식과 미국 주식 그리고 미국 국채에 1/3씩 투자하자는 것입니다. 이렇게 하면 주식의 투자 비중이 2/3에 이르기에 수익률이 꽤 높아지고, 또 미국 국채를 1/3 정도 보유하기에 2020년이나 2008년 같은 폭락장에서도 어느 정도 방어력을 가질 수 있기 때문입니다.

이제 본격적으로 투자 3분법을 1장에서 배웠던 '한국 주식 절반, 미국 국채 절반(반반)' 투자 전략과 비교해 보겠습니다. '반반 투자' 전략을 실행에 옮기면, 1981년 100만 원을 투자했을 때 2021년 3,711만 원이 되는 반면, '투자 3분법'으로 투자하면 6,645만 원이 됩

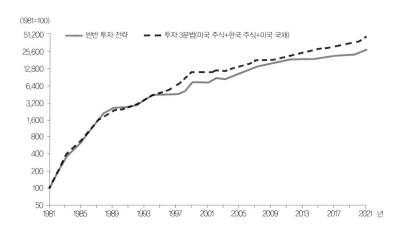

1981년 이후 매년 100만 원씩 '반반 투자 전략'과 '투자 3분법'으로 적립투자 시 성과 비교

(1981=100)

―― 반반 투자 전략   ----- 투자 3분법(미국 주식+한국 주식+미국 국채)

※ 블룸버그, 한국은행, 프리즘 투자자문 작성.

니다. 게다가 수익률의 변동성, 즉 안정성도 '투자 3분법'이 더 낮습니다. 반반 투자는 1981년 투자를 시작한 이후, 열 번이나 마이너스 성과를 기록했지만, '투자 3분법'은 1981년 이후 단 세 번만 손실이 발생할 정도로 안정적입니다. 참고삼아 말씀드리면, 이상의 두 전략 모두 배당금을 재투자하고, 또 매년 한 번씩 리밸런싱한 것을 가정한 성과입니다.

마지막으로 1981년 100만 원을 투자하고 그대로 내버려 두는 게

미국 주식에 투자하면 어떨까요?

아니라, 매년 100만 원을 새로 불입하면서 리밸런싱한다고 가정한 성과는 앞의 그림과 같습니다. 영광의 1980년대에 진작부터 투자하지 못한 것이 아쉽기는 합니다만, 그래도 꾸준한 누적 성과를 발견할 수 있습니다. '한국 주식+미국 국채'에 매년 100만 원씩 추가 불입하는 식으로 투자했다면, 2021년에는 2억 8,230만 원이 됩니다. 한편 1981년 이후 '투자 3분법'으로 매년 100만 원을 불입했다면, 1990년대에도 큰 성과를 낼 수 있었기에 2021년에는 4억 6,793만 원으로 불어납니다. 물론 투자금이 100만 원이 아니라 더 많은 돈이었다면, 자산이 훨씬 더 커졌겠죠. 이런 까닭에 "가장 확실한 투자는 저축"이라는 격언이 있는 것 아니겠습니까?

● **미국 주식 투자는 어떤 ETF가 좋을까요?**

미국 주식에 투자하는 국내 상장 ETF는 여러 가지가 있습니다만, 저는 두 가지 기준을 가지고 있습니다. 첫 번째는 환 헤지를 하지 않는 ETF를 선호하는 것인데, 여기서 환 헤지換 hedge란 환율의 변동을 억제하기 위해 선물先物 등의 파생상품을 이용하는 상품들입니다. 상품명 제일 끝에 '(H)' 표시가 들어 있으면 환 헤지 상품입니다. 환 헤지 상품을 선호하지 않는 이유는 우리 경제가 어려울 때마다 달러가치가 상승해, 해외 투자의 성과가 개선되는 것을 온전하게 누리기 위해서입니다.

두 번째 기준은 배당을 재투자하는 TR인지 여부입니다. 이는 1장에서 자세히 말씀드렸으니, 여기서는 추가적인 설명을 생략합니다. 이상의 두 기준으로 저는 환 헤지를 하지 않고 TR이 붙은 'KODEX 미국S&P500TR(379800)'

을 선호하는 편입니다. 참고로 미국 나스닥100 지수에 투자하고 싶은 분들은 'KODEX 미국나스닥100TR(379810)'에 투자하면 됩니다만, 금리 인상 국면에 나스닥 시장에 상장된 성장주가 타격을 받을 수 있다는 점은 염두에 둘 필요가 있을 것 같습니다.

※ 네이버 증권.

※ 네이버 증권.

미국 주식과 한국 주식을
적기에 갈아타면 어떨까요?

미국 시장이 늘 성과가 좋은 것은 아니고, 한국 시장도 항상 부진한
것은 아니었네요. 두 시장의 성과가 다르게 움직인다면, 적기에 갈
아타는 식으로 투자하면 어떨까요?

10년마다 달라지는 두 증시의 명암

흥미로운 질문이네요. 공정하게 미국과 한국 주식을 원화로 환
산해서 비교해 보면, 1981년 100만 원을 투자했을 때, 2021년 미국
주식은 1억 2,359만 원이 되고, 한국 주식은 4,992만 원이 됩니다.
미국 주식에 오랜 기간 투자했다면, 한국 주식보다 3배 가까운 성
과를 누릴 수 있었다는 것을 알 수 있습니다.

성과가 벌어진 가장 직접적인 이유는 환율 때문이죠. 1980년대

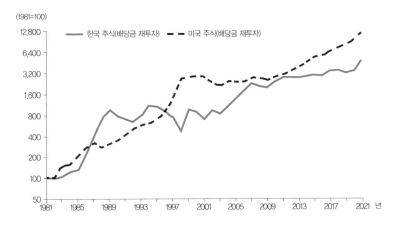

1981년 이후 한국 주식과 미국 주식의 성과 비교

(1981=100)

한국 주식(배당금 재투자)   미국 주식(배당금 재투자)

12,800
6,400
3,200
1,600
800
400
200
100
50

1981 1985 1989 1993 1997 2001 2005 2009 2013 2017 2021 년

※ 블룸버그, 한국은행, 프리즘 투자자문 작성.

초반의 환율 급등(이하 '달러에 대한 원화 환율' 기준, 1980년 484원 →
1982년 731원) 그리고 1997년 말 발생한 외환위기(1996년 805원 →
1999년 1,399원)로 원화의 가치가 크게 떨어졌기 때문입니다. 즉, 두
차례에 걸친 환율 급등 국면에 달러를 보유한 사람들은 큰돈을 벌
었다고 볼 수 있죠.

  격차가 벌어진 두 번째 이유는 1990년대에 한국증시가 '잃어버
린 10년'을 보냈기 때문입니다. 1989년 대망의 코스피 1천 p 선을
돌파한 이후 한국증시는 내내 부진을 면치 못했지만, 미국증시에

서는 정보통신 주식들의 강세에 힘입어 다우존스 산업평균지수(이
하 '다우지수')가 1990년 초 2천 p에서 시작해 1999년 말에는 1만 p
를 돌파하는 강세를 보였죠. 참고로 다우지수란 미국을 대표하는
30개 기업으로 구성된 주가지수로, 가장 오랫동안 사랑받은 지수
입니다.

그러나 2000년 이후에는 반대의 양상이 펼쳐졌다는 것 또한 잊
지 말아야 합니다. 미국증시는 정보통신 주식의 거품이 무너지면
서 잃어버린 10년을 보냈지만, 한국 주식시장은 이른바 'BRICs' 붐
에 올라타 코스피 2천 선을 돌파하는 강세를 보였죠.[1] 물론 2010년
이후에는 다시 역전극이 벌어져 미국증시가 상대적으로 강세를 보
이고 있습니다.

미국증시는 어떨 때 강세를 보이나요?

한국경제가 외환위기의 충격에서 벗어나고 또 주식시장을 예전
보다 투명하게 만든 2000년대 초반 이후의 미국과 한국 주식시장
의 모습을 비교해 보겠습니다. 주식시장이 예전보다 투명해졌다는
것은 기업들이 애널리스트 혹은 펀드매니저에게만 자기 회사의 실
적을 미리 알려주는 일이 금지되었다는 뜻입니다. 2002년 초, 세계

금융시장을 일대 충격으로 몰아넣었던 '엔론 스캔들'도 이런 관행에서 비롯되었죠. 세계적인 에너지 기업이었던 엔론은 기업과 밀접한 연관을 맺은 이들에게만 내부 정보를 주는 식으로 네트워크를 형성하고, 이를 통해 오랜 기간 주가를 띄우고 또 자신들의 부실을 감추다가 발각되어 파산하고 말았습니다.

엔론 스캔들 이후 각국 정부는 공정공시 제도를 도입하여 예전보다 훨씬 투명하게 기업 정보를 공개하도록 했습니다. 특히 공정공시 도입 이전에는 애널리스트의 매수 추천 종목이 높은 성과를 기록했습니다만, 이후에는 그 효과가 떨어졌다는 분석이 나올 정도로 엔론 스캔들은 큰 충격을 준 사건이었습니다.[2] 따라서 한국증시 제도의 변화가 시작되었던 2000년대 초반 이후의 시장 환경을 서로 비교하는 게 더욱 공정한 분석이 아닐까 생각됩니다.

다음 그림은 2001년 이후 달러의 가치와 미국증시에 비교한 한국증시의 상대적인 성과(이하 '상대강도')를 보여줍니다. 달러 강세가 나타날 때는 미국증시의 성과가 좋고, 반대로 달러 약세 국면에서는 한국증시가 강세를 보이는 것을 발견할 수 있습니다. 여기서 달러가치란, 유로나 영국 파운드 등 세계 주요 통화에 대한 달러의 환율을 평균낸 것입니다. 예를 들어, 1유로에 대한 달러의 교환 비율이 떨어졌다면, 이는 곧 달러의 가치가 높아지고 유로의 가치가 낮아진 것으로 볼 수 있을 것입니다.

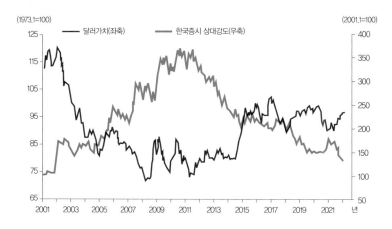

(1973.1=100)

— 달러가치(좌축)   — 한국증시 상대강도(우축)

(2001.1=100)

※ 한국은행, 블룸버그, 프리즘 투자자문 작성.

달러의 가치가 높아질 때마다 한국증시가 부진한 이유는 어디에 있을까요? 이 의문은 우리가 글로벌 투자자의 입장이라고 생각해 보면 쉽게 풀립니다. 예를 들어, 제가 글로벌 주식시장을 대상으로 투자자금을 집행하는 연기금의 펀드매니저라면, 달러가치가 높아지는 시기에 한국 등 이른바 신흥시장EM, Emerging Market에 투자할 동기가 약해질 것이기 때문입니다. 왜냐하면 글로벌 투자자들은 자신의 성과를 달러로 측정하기에, 굳이 통화 가치가 약세를 보이는 나라의 시장에 투자할 이유가 없죠. 나아가 달러가치가 상승할 때 원유나 곡물 등 이른바 원자재 가격이 내려간다는 것도 중요한 포인트입니다. 신흥국 경제는 원자재에 대한 의존도가 높기 때문에, 원자재 가격이 내려가는 시기에는 성장률도 낮아지고 증시의 탄력도 둔화될 것이라는 우려가 부각되곤 합니다.

달러와 원자재의 가격이 반대로 움직이는 이유는?

앞에서 달러가치가 상승할 때 원자재 가격이 내려간다고 지적했는데, 이에 대해 의문을 품는 분들도 있을 것입니다. 달러와 원자재 가격이 반대 방향으로 움직이는 가장 직접적인 이유는 달러가치가 상승할 때 굳이 상품가격의 인상을 위해 노력할 필요가 없다는 점 때문입니다. 예를 들어, 산유국 입장에서 원유 수출 대금을 달러로 받기에, 달러의 가치 상승은 곧 구매력의 개선으로 연결될 가능성이 크거든요. 게다가 달러의 가치가 상승한 데에는 그 나름의 이유가 있다는 것도 고려해야 합니다.

예를 들어, 2021년부터 달러의 가치가 상승한 가장 직접적인 이유는 미 연준의 '금리 인상'에 대한 기대 때문이었습니다. 미국 달러는 세계 어떤 이들이나 갖기를 원하는 안정적인 자산인데, 금리마저 많이 준다면 어떻게 될까요? 아마 투자자들은 달러자산의 비중을 높이기 위해 노력할 것이며, 이 과정에서 상대적으로 기초체력이 떨어지는 나라는 큰 곤경을 겪기도 할 것입니다. 가장 대표적인 나라가 터키로, 2020년 말 달러에 대한 터키 환율은 7.7리라였지만 2021년 말에는 13.6리라까지 상승한 바 있습니다. 글로벌 투자자들이 이탈하고 환율이 급등할 때, 신흥국의 대응 방법은 정해져 있습니다. 먼저 금리를 인상해 해외상품에 대한 수요를 위축시키는 한편, 자국에서 생산되는 원자재를 이전보다 더 많이 생산하려고 들 것입니다. 그리고 원유나 금 같은 원자재도 시장에서 거래되는 상품이기에, 공급 물량이 늘어날 때 가격이 내려갈 가능성이 크죠.

더 나아가 미국의 금리 인상이 원자재에 대한 수요를 위축시킬 가능성도 빼놓을 수 없는 요인입니다. 금리가 인상되면 제일 먼저 부동산 시장이 영향을 받습니다. 자기 돈만 가지고 집을 살 수 있는 사람이 얼마나 되겠습니까? 따라서 주택을 구입할 때는 금리 레벨에 항상 신경 쓸 수밖에 없으며, 금리가 인상되면 주택 수요가 둔화될 가능성이 커집니다. 주택 수요가 둔화되면 건설경기도 나빠지고, 고용도 줄어들 것입니다. 주택뿐만 아니라 자동차도 할부로 구입하는 사람이 많은데, 이들 역시 금리 상승 국면에 수요가 위축될 것입니다. 주택 및 자동차 판매량이 떨어지면 시멘트나 철근 그리고 목재에 대한 수요가 줄어드는 것은 당연한 일이죠. 게다가 자동

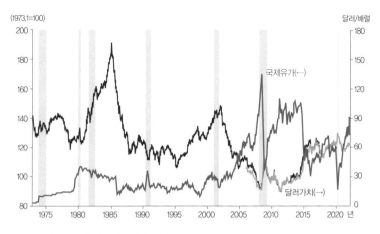

(1973.1=100) 달러/배럴

국제유가(←)

달러가치(→)

※ 세인트루이스 연방준비은행, 프리즘 투자자문 작성.

차 운전 시간이 줄고, 시멘트나 철근을 만들기 위해 투입될 에너지 소비량도 줄어들지 않겠습니까?

이상의 관계에서 알 수 있듯이 달러가치는 원자재 가격과 반대로 움직이는 경향이 있습니다. 그러나 '예외 없는 법칙 없듯' 달러 강세 국면에 원자재 가격이 올라가는 경우도 간혹 출현합니다. 가장 대표적인 경우가 2001년 그리고 2022년이죠. 이때 무슨 일이 있었기에, 달러 강세 속에 국제상품가격, 특히 유가가 급등했을까요? 이미 짐작한 분들도 있겠지만, 전쟁 가능성이 높아질 때 달러와 국제유가도 함께 상승합니다. 전쟁의 공포가 확산될 때 안전자산인 달러를 선호하는 수요가 높아지는 데다, 전쟁으로 석유 생산이 감소할 것이라는 예상 속에 원유 사재기가 촉발될 것이기 때문이죠.

● 터키 환율은 왜 급등했을까?

터키 화폐 리라화의 가치가 급격히 하락했다는 이야기를 들으며 궁금증을 느낀 분들이 있으리라고 생각합니다. 터키는 이란이나 사우디아라비아 등 중동 산유국과 밀접한 연관을 맺고 있기에, 원유 등 상품가격이 인상될 때 경제 여건이 좋아져야 마땅하기 때문입니다. 특히 2022년 2월 발생한 우크라이나 전쟁 이후 터키 경제는 일종의 '전쟁경기'마저 맛보는 중이죠.

그런데도 리라화 환율이 끝없이 상승하는 가장 직접적인 이유는 터키 정부의 통화정책 때문입니다. 환율의 급등을 막기 위해서는 금리를 인상해 수입에 대한 수요를 위축시키고, 리라화 투자의 매력을 높이는 게 필요합니다. 그러나 에르도안 대통령은 정반대의 정책을 시행함으로써 금융시장 참가자들의 신뢰를 크게 떨어뜨리고 말았죠. 그는 "고금리가 고물가를 유발한다"고 주장하면서, 계속해서 금리를 인하하고 있습니다.[3]

물가 상승률이 70% 가까이 되는데, 정책금리는 단 13%에 불과합니다. 참고로 2018년 정책금리가 25%였던 것을 고려할 때, 거의 절반 수준으로 내려간 셈이죠. 인플레이션을 감안한 실질금리가 −50% 이상인데, 누가 저축을 하겠습니까? 값이 오를 게 뻔한 상품을 미리 사재기하는 게 이익이 될 것이니, 무역수지 적자가 날로 늘어나는 중입니다. 더 나아가 한국의 CGV처럼 터키 시장의 미래를 긍정적으로 보며 진출했던 기업들은 어마어마한 평가손을 입을 수밖에 없습니다. 터키의 리라화로 매출이 발생한다고 한들 원화로 환산했을 때 큰 폭의 감소가 불가피한 데다, 자산의 가치도 떨어질 것이기 때문입니다.

따라서 현재와 같은 정책 기조가 이어지는 한, 리라화 가치의 상승을 기대하기는 쉽지 않을 전망입니다.

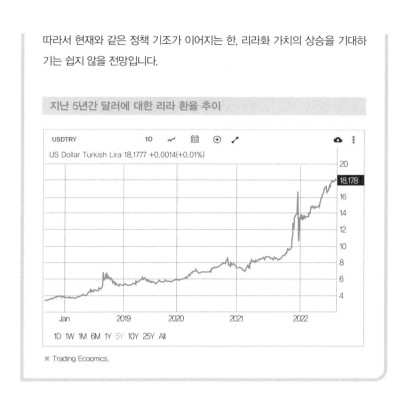

지난 5년간 달러에 대한 리라 환율 추이

USDTRY

US Dollar Turkish Lira 18,1777 +0,0014(+0,01%)

※ Trading Ecoomics.

달러의 방향성을 예측할 수 있을까요?

그럼 이제 '미국 달러의 방향을 예측할 수 있다면 손쉽게 돈을 벌 수 있겠다'라고 생각하는 분들이 있을 것 같습니다. 한때 저도 이런 꿈을 꾼 적이 있습니다. 특히 2000년대 후반 모 은행의 외환 트레이딩 부서에서 이코노미스트로 일할 때, 어떻게든 환율의 방향을 맞추기 위해 노력했던 경험이 있습니다. 그러나 2008년 글로벌 금융위기 때만 운 좋게 예측에 성공했을 뿐, 그 뒤로는 내내 실패의 연속이었습니다. 환율 전망이 가장 크게 빗나갔던 시기는 2014년으로, 미국의 금리 인상이 임박했는데도 달러에 대한 원화 환율이 한때 1천 원 밑으로 내려갔습니다. 제가 외환시장을 전망하면서 중요하게 여기는 지표가 시장을 예측하는 데 도움이 되지 않았던 것은 큰 충격이었습니다.

그때 《환율과 연애하기》(2007, 이콘)란 책을 읽고 큰 위안을 얻었습니다. 이 책의 저자 사카키바라 에이스케Sakakibara Eisuke는 '미스터 엔'이라는 별명이 붙을 정도로 유명한 외환시장 전문가입니다. 일본 정부의 환율 정책을 담당했던 사카키바라 전 국장은 환율을 어떻게 전망해야 하며, 또 환율에 왜 관심을 가져야 하는지를 자세히 설명하며 다음과 같은 흥미로운 우화를 소개합니다.

아인슈타인이 죽어서 천국에 갔을 때의 이야기입니다. 신은 천국의 입구에서 아인슈타인에게 한 가지 일을 맡겼습니다. 그것은 천국에 들어오는 사람들의 직업을 정해주는 일이었습니다.

아인슈타인은 처음 들어온 사람에게 물었습니다. "당신의 IQ는 얼마입니까?" 그 사람은 이렇게 대답했습니다. "200입니다." 그러자 아인슈타인이 말했습니다. "저와 함께 상대성 이론을 연구하시죠." 다음에 등장한 사람은 IQ가 150인 남자였습니다. 아인슈타인이 그 남자에게 정해준 직업은 세계 경제를 예측하는 것이었습니다. 마지막으로 나타난 남자의 IQ는 60이었습니다. 아인슈타인은 엄숙한 얼굴로 이렇게 이야기했습니다. "그럼 환율이나 예측하고 계시죠."

사카키바라가 이 우화를 꺼낸 이유는 "아무리 많은 지표와 정보를 가지고 환율을 예측하더라도 틀릴 수 있으니 너무 낙담하지 말라"고 투자자들을 위로하고 싶었기 때문이라고 생각합니다. 주식시장의 방향을 예측하기 어려워 자산배분 투자를 하듯, 외환시장도 완벽하게 전망하기 어렵다는 것을 인정하면 투자가 쉬워집니다.

앞의 에피소드를 마무리하자면, 2015년부터 달러에 대한 원화 환율이 급등세로 돌아서 그해 연말에는 결국 1,300원까지 상승하고 말았습니다. 제가 너무 성급하게 환율의 상승 가능성을 언급했던 것입니다. 그래서 투자 업계의 수많은 선배들이 항상 "방향과 타이밍 모두를 맞추려 들지 말라"고 조언하는 것 아니겠습니까? "달러가치가 상승할 가능성이 크다" 정도로만 이야기하면 될 것을, 굳이 연내 상승한다는 둥 구체적인 시기까지 맞추려 들었던 저의 과욕이 고통을 유발했던 것입니다.

- **달러를 예측하는 데 도움이 되는 두 가지 변수**

미국 달러의 방향을 예측하고 싶은 분들에게 두 가지의 지표를 주의 깊게 보라고 말씀드리고 싶습니다. 첫 번째 지표는 미국의 정크본드^{Junk Bond}, 즉 투자부적격 등급 채권의 가산금리 동향입니다. 가산금리란 국채와 회사채 금리의 차이를 뜻합니다. 예를 들어, BB등급(투자부적격 등급 중에서 가장 신용이 좋은 채권)을 받은 회사가 10년 만기 회사채를 연 8% 금리로 발행했는데, 같은 때 발행된 미국 정부 국채금리가 3%라면 이 채권의 가산금리는 '8%-3%'이니 5%p라고 할 수 있습니다. 대체로 경기가 좋을 때는 가산금리가 줄어들고, 반대로 경기가 나빠지고 투자자들이 적극적인 투자를 하지 않으려 들 때는 가산금리가 높아지는 경향이 있습니다. 그런데, 다음 그림에서 보듯 투기 등급 채권 가산금리가 높아질 때마다 달러 강세가 출현하는 것을 발견할 수 있습니다. 즉, 불황에 대한 공포가 높아지고 자금 사정이 악화될 때마다 미국 달러가 강세를 보인다고 기억하면 좋을 것 같습니다.

미국 정크본드 가산금리와 달러가치

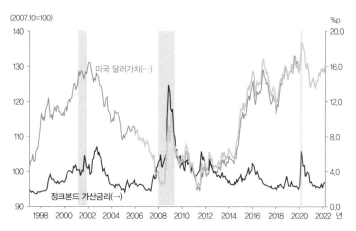

※세인트루이스 연방준비은행, 프리즘 투자자문 작성.

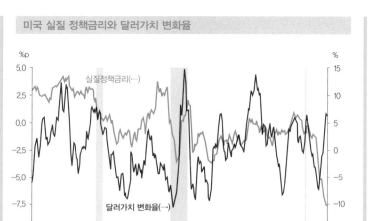

미국 실질 정책금리와 달러가치 변화율

실질정책리(←)

달러가치 변화율(→)

%p

5.0

2.5

0.0

-2.5

-5.0

-7.5

-10.0

%

15

10

5

0

-5

-10

-15

1996 1998 2000 2002 2004 2006 2008 2010 2012 2014 2016 2018 2020 2022 년

※세인트루이스 연방준비은행, 프리즘 투자자문 작성.

정크본드 가산금리에 못지않게 중요한 지표는 미국 정책금리 변화입니다. 미국 금리가 인상되면 달러에 대한 수요가 늘어나는 것은 당연한 일이죠. 다만 한 가지 주의할 것은 명목금리의 변화만 볼 것이 아니라 실질적인 금리 변화에도 눈길을 주어야 한다는 것입니다. 금리가 상승했다고 한들, 그게 물가 상승률에도 미치지 못하는 수준이라면 외환시장에 미치는 영향은 그리 크지 않을 수도 있으니 말입니다. 따라서 미국 실질 정책금리(정책금리-물가 상승률)가 바닥을 치고 상승세로 돌아설 가능성이 커질 때는 달러 강세의 가능성에 유의할 필요가 있을 것입니다.

08

한국과 미국 주식 말고
투자하기 좋은 시장은 없나요?

한국과 미국 주식시장에 투자하라고 말씀한 이유를 알 것 같아요.
그런데, 혹시 중국이나 유럽 그리고 일본 같은 나라의 주식시장은
투자하기에 어떨까요?

장기투자하기 좋은 시장의 특징 ①:
민주주의 국가인가?

어떤 나라에 투자하려면, 시장의 역사 그리고 구조에 대한 이해
가 필요합니다. "경제성장률이 높으니 주가도 좋을 거야" 같은 식
으로 생각하고 투자한다면 큰 곤경에 처할 수 있습니다. 다음 그림
에 표시된 중국 주식시장이 가장 대표적인 사례입니다. 연 8% 이
상의 경제성장을 30년간 지속한 고성장 국가의 주식시장치고는 대

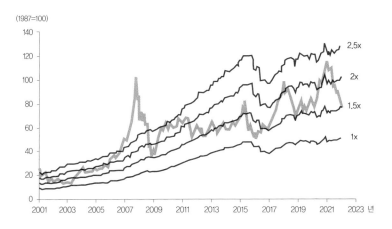

(1987=100)

140 ┬

120

100

80

60

40

20

0 ┴
2001 2003 2005 2007 2009 2011 2013 2015 2017 2019 2021 2023 년

2,5x
2x
1.5x
1x

※ 블룸버그, 프리즘 투자자문 작성.

단히 부진한 성과를 보여주고 있는 것을 금방 알 수 있습니다.

1x라고 표시된 선은 주당 순자산가치BPS 수준을 나타냅니다. 중국 주식가격은 순자산 가치의 3배 이상 수준(2008년)까지 올라가기도 했지만, 이후 기나긴 침체에 빠져 있습니다. 왜 이런 일이 벌어졌을까요?

이 질문에 대한 힌트는 다음의 러시아 주식시장 흐름에서 발견할 수 있습니다. 중국과 마찬가지로 대단히 힘든 시기를 보내고 있다는 것을 알 수 있죠. 두 나라 증시가 망가진 이유는 어디에 있을까요?

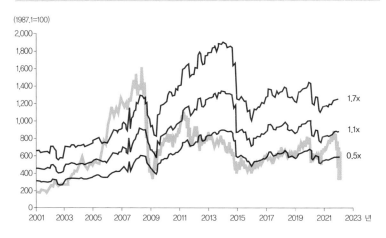

2001년 이후 러시아 주식시장의 PBR Band 추이

(1987.1=100)

- 1.7x
- 1.1x
- 0.5x

2001 2003 2005 2007 2009 2011 2013 2015 2017 2019 2021 2023 년

※ 블룸버그, 프리즘 투자자문 작성.

그 답은 '스트롱 맨strong man'에 있습니다. 민주적인 선거를 통해
정부가 바뀌는 나라의 지도자들은 지지율이 높을 때만 카리스마
넘치는 행동을 할 수 있습니다. 그러나 민주적인 법질서가 자리 잡
지 않은 나라의 지도자들은 정치적인 요인이나 민족적 자부심 등
을 이유로 커다란 경제적 손실이 예상되는 일도 거리낌 없이 저
지릅니다. 가장 대표적인 사례가 '우크라이나-러시아 전쟁'이 아닐
까 생각합니다. 블룸버그 통신의 보도에 따르면, 2023년 러시아의
GDP가 2008년 수준을 밑돌 가능성이 크다고 합니다.[1] 하루 수십

조 원의 전쟁 비용, 여기에 서방의 경제 제재로 러시아 경제가 큰 타격을 받을 것이라는 예측이 반영된 결과겠죠. 경제가 15년 전 수준으로 돌아가는 판에, 러시아 증시가 폭락하지 않는 게 이상할 것입니다.

중국은 어떨까요? 물론 중국은 타국의 영토를 침략하지는 않았습니다. 그러나 그 비슷한 일이 2020년 하반기부터 시행되고 있죠. 2020년 10월, 중국의 거대 핀테크 기업, 앤트그룹의 상장이 무산된데 이어 일부 지분이 국유화되는 등의 규제를 받았던 것은 글로벌 투자자들에게 일대 충격이었습니다. 앤트그룹의 마윈 회장은 2020년 10월 24일 상하이에서 열린 와이탄 금융정상회의에서 국영은행 중심의 금융권을 '전당포'에 비유하며, 금융당국의 보수적 정책에 대해 강력하게 성토한 바 있습니다. 그는 "기차역을 관리하는 식으로 공항을 운영할 순 없고, 과거의 방식으로 미래를 규제할 수 없다"며 "중국에는 제대로 된 금융제도가 없기 때문에 제도적 위험도 없지만, 제도의 부재 그 자체가 위험 요소"라고 주장했습니다.[2] 마윈 회장의 이 발언에 대해 중국 당국자들이 불쾌감을 표시했기에, 앤트그룹의 상장 중단 사태는 일종의 시범 케이스처럼 비춰지기도 했습니다.

그러나 앤트그룹 사태에 이어 중국의 우버로 불리는 차량공유 서비스 업체 디디추싱이 미국증시에서 상장 폐지된 것은 중국의 정책 기조가 과거와 크게 달라졌다는 것을 확인시켜 주었습니다. 디디추싱은 2021년 6월 30일 뉴욕 증권거래소에 상장되어 44억 달러(5조 원)에 이르는 자금을 조달하는 데 성공했지만, 반년도 채 지나지 않은 2021년 12월 3일 상장폐지 결정을 내리고 말았던 것입니다.[3] 중국 정책당국은 디디추싱이 뉴욕 증시에 상장한 것에 강력한 거부감을 표시하며 스마트폰 애플리케이션 다운로드를 금지하는 등의 규제를 단행한 바 있었기에, 상장폐지는 당국의 압박에 디디추싱이 굴복했다는 것을 보여주는 일이라는 분석이 지배적입니다.[4]

러시아와 중국의 사례를 보면 한 가지 교훈을 얻을 수 있습니다. 해외증시에 투자할 때 외면의 화려함만 봐서는 안 된다는 것입니다. "에너지 가격이 오를 때는 러시아 증시가 좋아" 같은 단편적인 정보만 보면 안 됩니다. 가장 중요한 것은 '거버넌스'입니다. 즉, 경제의 방향이 특정 개인의 손아귀에 달려 있는가 아니면 민주적인 의사결정 속에서 이뤄지는가를 생각해야 합니다. 2016년 당선되었던 미국의 트럼프 전 대통령도 분명 스트롱 맨의 특성을 띠고 있었습니다. 그러나 그조차도 국회의 동의 없이는 자기 마음대로 정책을 펼칠 수 없었으며, 2020년 말에 열린 선거에서 패배함으로써 1992년 부시 대통령이 이후 무려 28년 만에 재선에 실패한 현직 대통령이 되고 말았습니다.

따라서 해외 주식 투자의 첫 번째 원칙은 "스트롱 맨이 통치한다면, 보수적으로 투자하라!"는 것입니다. 지도자가 자의적으로 주주의 이익을 침해하는 일이 반복되는 나라의 증시가 꾸준한 성취를 거둘 수 없다는 것은 중국과 러시아의 사례가 잘 보여주는 것 같습니다. 물론 한국도 주주의 이익에 대한 침해가 지속적으로 발생한다는 면에서 '투자에 적합한 나라'로 분류되기는 어려운 면이 있습니다. 그래서 미국 국채 및 주식에 분산투자하라고 권고하는 것 아니겠습니까?

● **국가별 민주주의 척도에 관해 살펴봅시다**

세계 각국의 민주주의 정도, 다시 말해 스트롱 맨이 전횡을 휘두르는지 그렇지 않은지를 판단할 때는 세계적인 경제지 〈이코노미스트〉가 작성한 민주주의 지수democracy index를 활용하는 게 좋습니다. 〈이코노미스트〉는 지난 2006년부터 167개 국가를 대상으로 선거 과정과 다원주의, 정부의 기능, 정치 참여, 정치 문화, 국민 자유 등 다섯 개 영역을 평가해 민주주의의 발전 수준을 측정해 왔습니다. 참고로 아시아에서는 일본과 타이완 그리고 한국이 이른바 '완전한 민주주의 국가'에 속합니다.

2020년 기준 세계 민주주의 지수 랭킹

	종합 점수	순위	선거 과정과 다원주의	정부의 기능	정치 참여	정치 문화	국민 자유
아일랜드	9.05	8	10.00	7.86	8.33	9.38	9.71
오스트레일리아	8.96	9=	10.00	8.57	7.78	8.75	9.71
뉴질랜드	8.96	9=	9.58	9.29	8.33	8.75	8.82
타이완	8.94	11	10.00	9.64	7.22	8.13	9.71

스위스	8.83	12	9.58	8.57	7.78	9.38	8.82
룩셈부르크	8.68	13	10.00	8.57	6.67	8.75	9.41
독일	8.67	14	9.58	8.21	8.33	8.13	9.12
우루가이	8.61	15	10.00	8.57	6.67	8.13	9.71
영국	8.54	16	10.00	7.50	8.89	7.50	8.82
칠레	8.28	17	9.58	8.21	6.67	8.13	8.82
오스트리아	8.16	18=	9.58	7.50	8.33	6.88	8.53
코스타리카	8.16	18=	9.58	6.79	7.22	7.50	9.71
모리셔스	8.14	20	9.17	7.86	6.11	8.75	8.82
일본	8.13	21	8.75	8.57	6.67	8.13	8.53
스페인	8.12	22	9.58	7.14	7.22	8.13	8.53
대한민국	8.01	23	9.17	8.21	7.22	7.50	7.94

※ 〈코리아넷〉(2021.2.5).

장기투자하기 좋은 시장의 특징 ②: 경쟁력이 개선되는 나라에 투자하라

스트롱 맨이 통치하지 않는 나라이지만, 투자하기에 적합하지 않은 나라가 있을 수도 있습니다. 그것은 바로 국가 자체의 경쟁력이 쇠퇴하는 나라들입니다. 다음 그림은 유럽연합^{EU} 가입국 증시의 흐름을 보여주는데, 중국과 비슷한 상황이라는 것을 알 수 있습니다.

주당 순자산가치의 장기 추세를 살펴보면, 유럽연합 국가들은 15년째 제자리걸음을 하고 있습니다. 기업의 순자산가치는 순이익

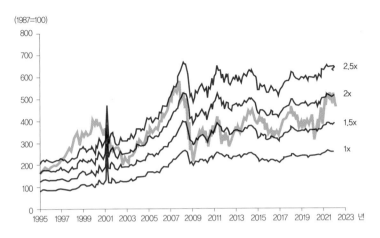

1995년 이후 EU증시의 PBR Band 추이

(1987=100)

2.5x
2x
1.5x
1x

1995 1997 1999 2001 2003 2005 2007 2009 2011 2013 2015 2017 2019 2021 2023 년

※ 블룸버그, 프리즘 투자자문 작성.

에서 배당하고 남은 돈이 쌓인 것이니, 유럽 기업들이 주주들에게 배당하고 나면 투자할 여력이 없는 상태라고 볼 수 있습니다. 왜 이렇게 되었을까요?

여러 이유가 있겠지만, 유럽 기업들이 경쟁력을 잃어버린 것이 가장 큰 원인이지 않을까 생각됩니다. 왜냐하면, 2011년 스페인과 이탈리아 등 남유럽 국가들이 구제금융을 신청한 이른바 '재정위기' 이후 유로화 가치가 계속 떨어지고 있기 때문입니다. 즉, 통화가치가 내려가면 다른 나라 제품과 비교해 가격 경쟁력이 강화되며 이익도 늘어나는 게 일반적인데, 유럽 기업들은 유로화 약세의 혜택을 거의 받지 못한 셈입니다. 통화가치의 하락에도 불구하고 기업의 이익이 늘어나지 않는 것은 근본적인 경쟁력의 문제 때문이라고 볼 수 있겠죠. 그리고 경쟁력을 잃어버린 기업은 근로자들에게 제대로 된 보상을 제공하지 못해 뛰어난 인력이 유출되며, 새로운 기술의 개발이나 도입이 지체되어 시장점유율이 계속 떨어지는 악순환에 직면합니다. 따라서 경쟁력이 약화되는 나라의 주식시장에 투자하는 일에는 신중할 필요가 있습니다.

어떤 나라의 경쟁력이 향상되고 있을까요?

그렇다면 어떻게 해야 경쟁력을 잃어버린 나라를 걸러낼 수 있을까요? 각 국가의 경쟁력을 파악하는 가장 쉬운 방법은 경제개발협력기구[OECD]가 발표하는 국가별 생산성 증가율의 통계를 조회하는 것입니다. 다음 그림은 각국의 노동생산성 변화와 부문별 기여도를 나타내고 있습니다. 이 그림에서 파란색 원이 가장 중요한 데, 2010~2019년 선진국의 노동생산성이 연평균 얼마나 개선되었는지를 보여줍니다. 한국은 연 2.6% 개선되어 OECD 가입국 전체에서 1위라는 것을 알 수 있습니다.

전체 경제, 연간 비율로 백분율 변화

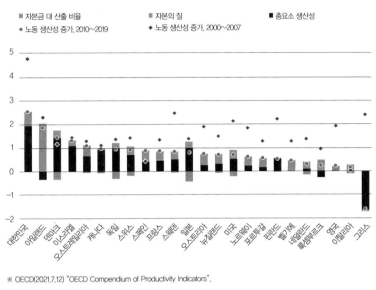

※ OECD(2021.7.12) "OECD Compendium of Productivity Indicators".

　　방송이나 언론 지상에서 "한국의 노동생산성 수준이 낮다"고 질타하는 모습을 가끔 보는데, 그런 주장을 펼칠 때는 항상 변화율도 같이 이야기해 주었으면 좋겠습니다. 참고로 노동생산성이란, 주어진 시간 동안 근로자들이 생산한 재화의 양을 측정한 것입니다. 한국의 노동생산성 수준은 세계 36위 수준이지만, 노동생산성의 향상 속도는 세계에서 제일 빠른 편에 속합니다.[5]

이런 괴리가 발생하는 이유는 출발점의 차이 때문입니다. 한국은 1960년대가 되어서야 생산성 향상 경주에 참가했다면, 영국은 1800년, 일본은 1860년대부터 경주에 참여했기 때문이죠. 따라서 우리보다 먼저 출발한 경쟁자를 따라잡기 위해서는 더욱 빨리 뛰어야 했습니다. 물론 절대적인 생산성의 수준이 낮더라도, 생산성이 빠르게 향상되는 나라에는 희망이 있습니다.

생산성이 빠르게 향상되는 나라의 기업들은 같은 근로자를 고용하고도 더 많은 물건을 생산할 수 있으니, 제품가격을 인하할 여력을 가질 것입니다. 제품가격을 인하하는 대신 근로자들에게 더 많은 임금을 지급해 생산성의 향상을 더욱 촉진하거나, 가격을 동결해 마진을 늘리는 방향으로 움직일 수도 있죠. 따라서 노동생산성의 향상 속도는 각국의 경쟁력을 측정하는 가장 중요한 척도라고 할 수 있습니다.

생산성 향상 속도를 국가별로 측정하면, 이탈리아와 영국이 꼴찌 그룹에 속합니다. 참고로 단독 꼴찌인 그리스를 분석에서 아예 제외한 이유는 이른바 '국가통계 조작 스캔들'을 통해 억지로 유로존에 가입한 나라로, 정상적인 국가로 보기 어렵기 때문입니다.[6] 게다가 아일랜드와 룩셈부르크 등 이른바 '보물섬'이라고 불리는 조세회피 지역도 절세 목적으로 이주한 기업이나 부자들이 대거 포함되어 있기에 같은 잣대로 비교할 수 없습니다.[7]

정상 국가 중 생산성 향상 속도가 꼴찌인 이탈리아의 지난 15년 주식 투자의 연 환산 복리 수익률은 -5.1%입니다. 즉, 15년 동안 이탈리아 주식시장에 투자했다면 연 5.1%의 손실이 계속 누적되었다는 이야기가 되겠습니다. 참고로 측정한 지수는 MSCI(미국의 모건 스탠리캐피털 인터내셔널사가 작성 및 발표하는 세계적인 주가지수) 기준이며, 달러 환산입니다. 달러로 주식시장의 성과를 측정하는 이유는 터키처럼 환율이 급등해 버린 나라의 주가지수는 상승할 가능성이 크기 때문입니다. 즉, 환율 상승에 따른 인플레이션으로 주가가 높아지는 것을 고려하기 위해, 달러로 주식시장의 성과를 측정하곤 합니다. 생산성 향상 속도에서 꼴찌에서 두 번째인 영국의 주식시장의 15년 연 환산 복리 수익률은 -2.2%입니다. 이탈리아보다는 낮지만, 주주의 자산을 파괴했다는 점에서는 동일합니다.

　　두 번째로 주목할 척도는 검은색으로 표시된 '총요소 생산성multi-factor productivity'의 기여도 부분입니다. 총요소 생산성은 근로자와 자본이 효율적으로 결합되어 발생하는 생산성 향상분을 뜻합니다. 총요소 생산성의 향상은 경영관리 기법의 개선, 제품 부가가치의 상승, 지식 경제의 발전, 기술 발달, 네트워크 효과 등이 복합적으로 만들어낸 결과라고 할 수 있습니다.[8] 새로운 기계의 도입이나 근로자의 교육 수준 변화 등으로 설명할 수 없는 생산성의 향상분이라고 볼 수 있죠.

모든 나라가 총요소 생산성의 향상을 위해 노력합니다만, 만족스러운 성과를 거둔 나라는 그렇게 많지 않습니다. OECD 국가 중에서 2010~2019년간 연 2% 이상의 총요소 생산성 향상을 기록한 나라는 한국(2.0%)뿐이며, 1% 이상의 총요소 생산성 향상을 기록한 나라도 덴마크(1.5%)와 이스라엘(1.1%), 독일(1.0%), 일본(1.0%), 캐나다(1.0%) 정도에 불과합니다. 참고로 미국은 0.5%이며 스위스는 0.7%입니다. 이미 세계 최고 수준의 노동생산성 레벨인 나라(미국, 스위스 등)의 총요소 생산성 향상 속도가 더딘 것은 이해가 되는 일입니다.

한 가지 흥미로운 포인트는 노동생산성 향상률 2위인 아일랜드(1.9%)의 총요소 생산성 향상률이 마이너스(-0.3%)라는 점입니다. '보물섬' 국가를 투자 대상에서 제외하는 이유가 아주 잘 나와 있죠? 해외에서 투자가 많이 이뤄지니 자본투자(자본금 대 산출 비율)가 많이 이뤄지지만, 정작 기술혁신은 후퇴하는 중이라는 것을 알 수 있습니다. 2011년 유럽 재정위기 때 아일랜드가 구제금융을 신청할 정도로 궁지에 몰린 이유를 짐작할 수 있는 대목입니다.

따라서 어떤 나라에 대한 투자를 고민할 때는 제일 먼저 그 나라가 민주주의 국가인지, 두 번째로는 총요소 생산성이 꾸준히 향상되는 혁신 국가인지를 꼭 점검할 필요가 있다는 것을 알 수 있습니다. 이런 면에서 볼 때, 한국이나 미국 그리고 덴마크와 이스라엘 같은 나라가 좋은 투자 대상이라는 생각이 듭니다. 다만 덴마크와 이스라엘 인구가 각각 583만 명과 922만 명에 불과한 소국이라는 게 투자의 어려움을 가중한다는 점도 고려할 필요가 있습니다. 그래서 저는 덴마크와 이스라엘의 기업 중 미국에 주식 예탁증서를 상장시킨 기업을 선호합니다. 주식 예탁증서란, 다국적 기업이 해외의 증권거래소에 주식을 상장시키는 것을 뜻합니다.[9] 예를 들어, 덴마크 주식시장에서 시가총액 1위 기업인 노보 노디스크 Novo Nordisk 는 미국 주식시장에도 상장되어 있어서 편리하게 투자할 수 있습니다.

● **국가별 총요소 생산성 변화 비교**

인터넷 검색창에서 'Multifactor Productivity'를 검색하면, 다음의 결과를 발견할 수 있습니다. 이 가운데에서 우리는 OECD 통계를 찾고 있으니, 'Multifactor productivity - OECD Data'를 클릭합니다.

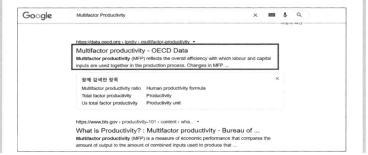

그럼 다음과 같은 그림을 볼 수 있습니다. 그다음 저는 하단의 검은색 박스 부분 'Highlighted Countries' 항목을 클릭해 한국을 두드러지게 표시했습니다. 엑셀로 데이터를 다운로드 받고 싶은 분들은 상단의 'download' 항목을 클릭하시면 됩니다. 2018년부터 한국의 총요소 생산성 향상 속도가 둔화되며 캐나다에 역전된 것이 조금 걱정스럽기는 하네요.

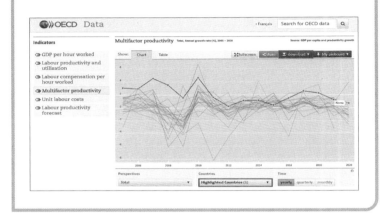

09

정부가 바뀌면
경제는 어떤 영향을 받나요?

다른 나라 상황을 보니, 한국은 상대적으로 경제 상황이 좋은 편
이네요. 그런데, 정권이 바뀌면서 경제에 큰 문제가 생기는 일은
없을까요?

청산주의에 빠지면 큰일 납니다

좋은 질문입니다. 한국이 지금까지 잘해 왔다고 해서 앞으로도
잘할 거란 보장은 없습니다. 그럼 어떤 경우에 우리 경제에 망조가
들 수 있을까요? 2장의 일본 사례에서 살펴본 것처럼, 디플레이션
의 위험이 커질 때 신속하게 대응하지 못한다면 큰일이 납니다. 경
제 위기가 발생했는데 정부가 '나 몰라라' 할 수 있을까 의문을 가
지는 분들이 있을 텐데, 역사적으로 있었던 일입니다.

1929년 대공황 때 재무장관이던 앤드루 멜런^{Andrew Mellon}은 "노동을 청산하자, 주식을 청산하자, 농부를 청산하자, 부동산을 청산하자"라고 주장했죠.[1] 이런 주장을 하는 이들을 청산주의자라고 부릅니다. 청산주의자들은 경제 내 여러 곳에 존재하는 버블을 청산함으로써 사람들이 더 도덕적인 삶을 살게 되어 세상이 점점 좋아질 것이라고 생각합니다. 앤드루 멜런은 경제가 너무 빠르게 팽창했고, 성장이 지나치게 많이 이루어졌으며, 너무 많은 신용이 풀렸고, 주가가 지나치게 높이 뛰었기에 이를 털어내야 한다고 생각했죠. 그래서 1929년 10월, 미국 주식시장이 붕괴되고 경기가 악화될 때 손을 놓고 있었습니다. 특히 은행들이 파산하는 것을 방치했던 것이 결정적이었죠. 대공황 당시, 약 1만 개가 넘는 은행이 파산하며 1929~1933년 사이에 국내총생산이 26.3%나 줄어들었던 것입니다.[2]

결국 1933년 루스벨트 정부가 들어선 후에야 은행의 파산이 진정되었습니다. 루스벨트는 예금보험공사^{FDIC}를 설립하여, 은행 예금에 대해 정부가 보증해 줌으로써 연쇄적인 은행 도산을 막을 수 있었습니다. 언제 은행이 파산할지 모른다고 걱정하며 새벽부터 창구 앞에 길게 줄을 서던 행렬이 '정부의 지급 보증' 약속으로 씻은 듯 사라졌던 것입니다. 물론 청산론자들은 이 조치에 매우 분노했습니다. "부실한 은행에 예금한 사람들은 자신의 경솔함에 대한 대가를 치러야 한다"고 말입니다.

그러나, 경제위기가 끝없이 이어질 때 누가 가장 큰 피해를 보는지 생각해 볼 일입니다. 직장을 잃고 실업자가 되어버린 가장의 아이들을 생각해 보자는 것입니다.[3] 1997년 외환위기 때, 한국에서도 보육원이 터져나갈 정도로 많은 아이들이 수용되었던 것 기억나시나요? 저는 어른들이 한때 잘못된 행동을 했다고 해서, 아이들까지 큰 피해를 보아야 하는지 의문을 가지고 있습니다. 잘못된 행동에 대한 대가는 분명 치러야 하지만, 경제 전체가 붕괴하는 것을 방치하는 행위는 절대로 해서는 안 된다고 봅니다.

방만한 재정도 위험을 키웁니다

청산주의의 함정에 빠지지 않는 것만큼이나 중요한 것은 재정을 건전하게 운용하는 일입니다. 재정을 망가뜨린 끝에 나라마저 망한 대표적인 사례가 베네수엘라입니다. 베네수엘라는 세계에서 가장 많은 석유 매장량을 가지고 있으면서도 경제 파탄 상태에 빠져 있습니다. 왜 이런 일이 벌어졌는지 의문을 품고 조사하다 보면, 차베스Chavez라는 인물에 도달하게 됩니다. 차베스 전 대통령은 집권 후 석유 자원을 국유화한 뒤, 석유 판매수익을 토대로 서민과 빈곤

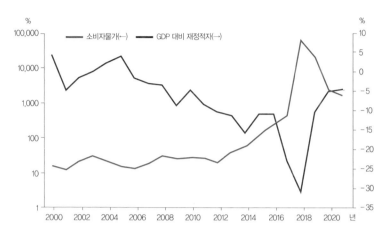

2000년 이후 베네수엘라의 소비자물가 상승률과 GDP 대비 재정수지 추이

%
100,000
― 소비자물가(←)　 ━ GDP 대비 재정적자(→)

10,000

1,000

100

10

1

2000　2002　2004　2006　2008　2010　2012　2014　2016　2018　2020　년

%
10
5
0
-5
-10
-15
-20
-25
-30
-35

※ IMF World Economic Outlook Database, 프리즘 투자자문 작성.

층에 무상으로 주거, 의료, 교육 등의 복지를 제공했던 것입니다. 서
민 생활 안정을 명목으로 밀가루, 식용유, 세면도구 등 생활필수품
가격도 통제했죠.[4]

물론 석유 가격이 높은 수준을 유지할 때는 큰 문제가 없었습니
다. 그러나 2014년 유가가 폭락하면서부터 여러 문제가 불거지기
시작했습니다. 돈을 써야 할 곳은 많은데, 석유 수출 대금이 줄어드
니 외환보유고가 말라버렸죠. 특히 국유화 과정에서 수많은 해외
투자자들이 손실을 보았기에, 다른 나라에서 돈을 빌려오는 것도

불가능했습니다. 결국 베네수엘라 정부는 중앙은행이 추가로 찍은 화폐로 각종 비용을 충당했습니다. 이 사실을 국민이 모를 때는 괜찮았습니다. 그러나 이 비밀이 알려진 순간, 사람들은 인플레이션이 발생할 것을 깨닫고 각종 생필품 사재기에 나서거나 달러를 비롯한 외국 화폐를 보유하기 위해 암달러 시장으로 몰려갔죠. 이 결과, 2018년 한 해에만 소비자물가가 6만 % 상승할 정도의 강력한 인플레이션을 겪고 있습니다.

두 가지 실수만 저지르지 않는다면, 대통령이 어떤 사람인지는 중요하지 않습니다

대공황과 베네수엘라의 사례가 우리에게 시사하는 바는 명확합니다. 경제위기가 발생할 때, 청산주의에 빠져 "시장이 알아서 할 것"이라는 한가한 소리를 하면 큰일 날 수 있습니다. 게다가 1997년 외환위기 때처럼, 정부가 만성적인 경상적자를 방치하고 환율을 통제하려 든다면 역시 한국경제에 대한 낙관론을 접는 게 타당할 것입니다.

그러나 이 정도의 치명적인 잘못을 저지르지 않는 한, 정부의 경제정책은 주식시장에 큰 영향을 미치지 않습니다. 왜냐하면 한국은 매우 개방된 경제국가로, 한국 주식시장의 흐름은 외국인 투자자 및 수출 경기에 의해 좌우되기 때문입니다. 외국인이 주식을 사면 주가가 오르고, 반대로 그들이 주식을 팔면 주가가 내려가는 현상이 반복되는 것을 주식 투자 경험을 가진 분들은 뼛속 깊이 체감했으리라 짐작됩니다. 따라서 글로벌 투자자들이 한국 주식을 매입하고, 또 한국 수출이 원활할 때 어떤 정부가 집권하고 있는지에 상관없이 주가가 상승합니다. 물론 한국 정부가 글로벌 투자자들에게 친화적이고, 또 기업들의 경쟁력(총요소 생산성)을 개선하는 정책을 펼치면 더욱 도움이 될 것입니다. 그러나 정부의 정책이 효과를 거두는 데에는 많은 시간이 걸리기에, 기업들의 경쟁력 개선 효과는 아마 다음 정부 때 누리지 않을까 생각합니다.

따라서 저는 정치에 별다른 관심이 없습니다. 2017년 박근혜 전 대통령 그리고 2004년 노무현 전 대통령이 탄핵당하는 등 정치적 불확실성이 높아졌을 때, 한국 주가가 급등했던 것을 기억하고 있기 때문입니다. 두 사례 모두 한국 수출이 원활하고 기업들의 실적이 잘 나오고 있었기에, 외국인들은 한국 대통령이 누구인지 신경 쓰지 않고 적극적인 매수에 나섰던 것이죠. 앞으로 누군가 "대통령이 문제라, 우리 주식시장에 망조가 들었어"라고 이야기하거든, 2004년과 2017년의 이야기를 꼭 해주시기를 바랍니다.

● 베네수엘라 경제 통계 다운받기

인터넷 검색창에서 'weo imf database'를 검색하면, 다음과 결과를 발견할 수 있습니다. 이 가운데에서 'World Economic Outlook Databases'를 클릭합니다. 말 그대로 세계 경제전망 데이터베이스라는 뜻입니다.

이제 다음과 같은 그림을 볼 수 있습니다. 우리는 베네수엘라라는 개별 국가의 통계를 받고 싶으니, 'By Countries' 항목을 누릅니다. 그다음 'LATIN AMERICA AND THE CARIBBEAN → Venezuela' 순서로 선택해, 데이터를 찾아가면 됩니다.

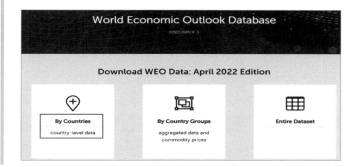

이제 다음처럼 베네수엘라에 대한 데이터를 구할 수 있게 되었습니다. 'Down load Report'를 클릭하면 데이터를 엑셀로 불러올 수 있으니 꼭 해보시기를 바랍니다. 참고로 맨 아래 QR 코드에 데이터베이스 링크가 있으니 꼭 시도해 보시기 바랍니다.

Download World Economic Outlook database: April 2022

The downloads are presented in Tab Delimited Values format which is compatible with most statistical packages and Excel

DOWNLOAD REPORT

Country	Subject Descriptor	Units	Scale	Country/Series-specific Notes	1980	1981	1982	1983
Venezuela	Gross domestic product, constant prices	Percent change			-4.947	-1.288	2.645	-9.856
Venezuela	Gross domestic product, current prices	U.S. dollars	Billions		69.841	78.367	79.998	79.672
Venezuela	Gross domestic product, current prices	Purchasing power parity; international dollars	Billions		118.828	128.394	139.933	131.082
Venezuela	Gross domestic product per capita, current prices	U.S. dollars	Units		4,671.078	5,085.580	5,041.589	4,883.234

3부

40대를 위한 투자법: 탈무드 투자법

2부에서 소개된 '투자 3분법'을 보며 '세상에 이렇게 좋은 투자법이 있구나'라고 생각하는 분들이 많으리라 예상합니다. 그런데, 30대에 열심히 노력해 집을 장만하려 보니, 집값이 너무 비싸다는 사실에 절망하는 분들 또한 많으리라 생각합니다.

3부는 "굳이 한국 부동산을 구입할 이유가 있는가?"라는 질문을 던집니다. 차라리 전세나 월세로 살면서 해외 리츠에 분산해 투자하면 어떠냐는 이야기입니다. 유대인의 경전, 《탈무드》에서 가르치는 것처럼 자산의 1/3은 주식, 1/3은 채권 그리고 1/3은 리츠에 투자하는 '탈무드 투자법'의 세계에 흠뻑 빠져 보면 어떨까요? 특히 3부의 후반에는 레버리지를 활용한 투자의 기준을 제공합니다. 어떤 조건에서만 레버리지를 사용해야 하는지 공부하다 보면, 어느새 투자의 고수가 된 자신을 발견하리라고 봅니다.

한국 부동산,
너무 비싼 것 아닌가요?

> 박사님, 연간 100만 원이 아니라, 월 100만 원씩 저축하면 훨씬 더
> 빨리 돈을 모으고 집도 살 수 있겠네요! 그런데, 집값이 너무 비싸
> 서 막막합니다. 한국 부동산 시장에 대해 어떻게 생각하세요?

주식이 좋을 때도 있고, 부동산이 좋을 때도 있습니다

집을 사는 것은 '성공의 상징'처럼 느껴지곤 합니다. 좋은 곳에
집을 산 친구들이 사람들을 모아 집들이를 근사하게 하는 것만 봐
도 알 수 있죠. 그런데, 여의도 증권가에서 직장생활을 할 때 동료
들 중 집을 보유하지 않은 이들이 참 많았습니다. 왜냐하면 "주식
이 부동산보다 훨씬 투자수익률이 높은데 군이 집을 살 필요가 있
는가"라는 주장이 그럴싸하게 들렸기 때문입니다.

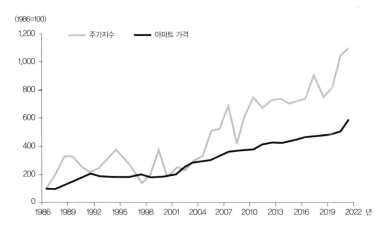

이런 이야기가 나왔던 이유는 1990년대 중반 KOSPI는 역사상 최고치를 경신 중이었지만, 주택시장은 1990년을 기점으로 지속적인 부진에 빠져 있었기 때문입니다. 이때만 그런 것이 아니라, 1986년 이후 KOSPI와 전국 아파트가격의 흐름을 확인해 보면, 부동산과 주식의 사이클이 종종 엇갈립니다. 예컨대 1980년대 중반의 '3저 호황' 때는 주식이 압도적인 성과를 자랑했지만, 1988년부터는 반대로 아파트가격이 급등했습니다. 외환위기 때는 함께 부진했습니다만, 이후에는 다시 성과가 엇갈렸습니다. 가장 좋은 예가 2008년으

로, 당시 주식가격은 폭락했지만, 아파트가격은 매우 안정적이었습니다.

● 1986년 이전의 한국 부동산 시장은 어땠나요?

주택은행(현재의 KB국민은행)이 1986년 주택가격지수를 작성하기 이전에도 부동산 시장에 대한 가격조사는 꾸준히 이뤄졌습니다. 건설교통부가 1974년부터 토지가격지수를 작성한 것이 대표적인 사례겠죠. 그러나 1974년 이전의 부동산 시장 상황을 파악할 수 있는 통계가 없었는데, 지난 2015년 한국은행이 발간한 "우리나라의 토지자산 장기시계열 추정"이라는 자료 덕분에 1965년부터 1986년까지의 부동산 시장 상황을 파악할 수 있게 되었습니다.[1]

한국은행이 발표한 실질 토지가격의 변화를 살펴보면, 역사상 가장 강력한 상승은 1977년으로, 무려 46%의 상승이 있었습니다. 1차 오일쇼크 이후 발생한 중동의 건설 붐 속에서 토지가격의 강력한 상승 랠리가 펼쳐졌던 것이죠. 그다음으로 강력한 상승은 1967년의 41%로, 역시 베트남 전쟁이 경기에 큰 영향을 미쳤습니다. 특히 한남대교의 개통과 경부고속도로의 착공으로 한강 이남 지역 개발이 본격화된 것도 역대급의 부동산 붐을 촉발한 원인으로 작용했습니다.

정리하자면, 1965~1985년 동안 실질가격 기준으로는 연 13% 그리고 명목가격 기준으로는 연 28%의 상승이 출현했습니다. 참고로 1986~2021년의 연평균 상승률은 실질가격 기준 7%, 명목가격 기준으로는 11%이니, 차이가 꽤 크죠?

1985년 이후 부동산 가격의 상승률이 줄어든 것은 도시화가 일단락된 데다, 경제가 점점 성숙해졌기 때문입니다. 특히 1980년대 말에 이뤄진 1기 신도시의 착공은 도시 주택의 만성적인 부족 사태를 해결해 준 전환점이 되었죠.

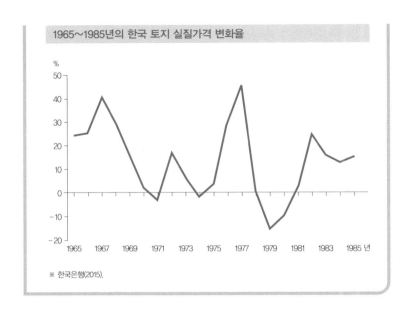

1965~1985년의 한국 토지 실질가격 변화율

※ 한국은행(2015).

공정한 비교를 위해서는 배당과 임대료를 고려해야 합니다

이상의 분석만 본다면, 주식은 이른바 '고위험·고수익' 상품인
반면, 부동산은 '저위험·저수익' 상품의 특성을 띠는 것처럼 보입
니다. 그러나, 두 상품에는 가격만 놓고 설명하기 어려운 차이가 존
재합니다. 왜냐하면 주식의 배당처럼, 부동산은 주거 서비스를 제
공하기 때문입니다. 자기 집에 살면, 2년 혹은 4년 주기로 이삿짐을
싸지 않아도 되고, 월세나 전세대출에 대한 이자 부담도 없습니다.

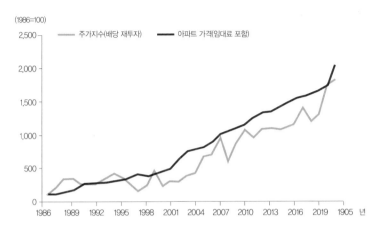

배당과 임대료를 고려한 한국 주식 및 아파트 성과 비교

(1986=100)

주가지수(배당 재투자) 아파트 가격(임대료 포함)

※ 한국은행, 통계청, KB부동산, 프리즘 투자자문 작성.

따라서 주택에 거주한다는 것은 곧 임대비용을 절약한다는 것으로 볼 수 있기에, 주택가격에 임대비용을 가산해서 계산하는 게 타당할 것입니다.

이에 따라 비교한 결과는 위 그림과 같습니다. 배당을 재투자한다면 1986년 이후 주식에서 18배의 성과를 올리지만, 임대료 수익을 포함한 아파트 투자의 성과는 20배에 이릅니다. 연 환산 복리수익률로 계산해 보면, 주식은 8.7%인 반면에 아파트는 9.0%로 계산됩니다. 수익률뿐만 아니라 안정성 면에서도 부동산이 탁월합니다.

한국 주식은 10년에 3~4년은 손실을 기록하지만, 아파트는 지난 35년간 단 세 번 마이너스가 났을 뿐이니 같은 레벨에 두기 어렵습니다. 즉, 투자의 난이도 면에서는 부동산이 주식보다 훨씬 안전한 자산이라는 이야기입니다.[2]

제 주변만 해도 주식 투자로 돈을 번 사람보다 아파트를 구입해서 부자가 된 이들이 훨씬 많은 것을 보면, 부동산이 얼마나 투자하기 좋은 자산인지 알 수 있습니다. 그러나, 집을 살 때는 주식 못지않게 공부할 게 많습니다. 왜냐하면 주택시장에는 아직 '인덱스 펀드'가 없어서, 결국 개별 주택을 매매할 수밖에 없기 때문이죠. 그렇다면 주택시장에 투자할 때는 어떤 지식이 필요할까요?

● 주택 임대료를 어떻게 계산할까요?

주택의 임대료를 계산하기 위해서는 제일 먼저 '전월세 전환율'을 살펴보아야 합니다. 전월세 전환율이란, 전세를 월세로 전환할 때 적용되는 수익률이라고 볼 수 있습니다. 예를 들어, 전세 1억 원 오피스텔을 월세로 전환할 때, 연간으로 따지면 월세를 얼마나 받느냐는 것이죠. 이 사례에서 연 500만 원의 임대료를 낸다면, 전월세 전환율은 5%라고 할 수 있습니다. 실제로 2011년 이후 서울의 아파트 전월세 전환율은 5% 전후에 이릅니다.

그런데 문제는 우리나라의 전월세 전환율 통계가 2011년까지만 존재할 뿐만 아니라, 같은 기간의 시장 이자율(국민주택채권 5년과 비교)에 비해 전월세 전환율이 거의 2%p 이상 높으며, 또 조정이 매우 더디다는 문제가 있습니다. 왜 이런 일이 벌어지느냐 하면, 표본 문제가 가장 크겠지만 집주인들이 공실 위험 및 각종 비용을 세입자에게 전가하려 드는 것도 영향을 준 것 같습니다.

따라서 전월세 전환율을 그대로 주택 임대료라고 간주하기는 쉽지 않을 것 같습니다. 그래서 저는 다음 그림처럼, 전월세 전환율이 시장 이자율과 함께 같은 방향으로 움직이는 면이 있다는 것을 고려하여, 시장 이자율로 전세 받은 돈이 운용된 것으로 가정하여 임대료를 계산했습니다.

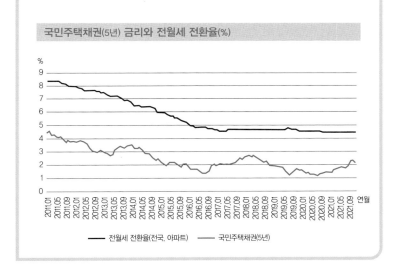

국민주택채권(5년) 금리와 전월세 전환율(%)

아파트와 단독주택의 차이를 아시나요?

주택 매매 전에 가장 먼저 알아 두어야 할 필수 지식은 아파트와 단독주택의 차이입니다. 먼저 단독주택은 통상적으로 한 가족을 위해 주어진 독립된 주택을 의미하지만, 법적으로는 구분 소유가 안 되는 주택을 의미합니다.[3] 가장 대표적인 단독주택 유형이 바로 다가구주택입니다. 다가구주택이란 여러 가구가 사용하는 3층 이하의 주택이며, 1층이 주차장인 필로티 구조라면 4층까지 가능합니다. 그런데, 왜 다가구주택이 단독주택으로 분류되는가 하면 각 가구를 나눠 매매할 수 없기 때문입니다. 반면 아파트는 5층 이상의 독립적인 구조를 갖춘 매매 가능한 주택으로 구분됩니다.

다음 그림을 보면, 1986년 이후 아파트와 단독주택의 가격 격차가 말도 못 하게 벌어진 것을 발견할 수 있습니다. 임대료를 반영한 아파트가격은 1986년 이후 20배 상승한 반면, 단독주택가격은 6배에도 미치지 못했습니다. 격차가 벌어지기 시작한 것은 1990년대 초반으로, 이때 1기 신도시가 대거 건설되면서 아파트 주거가 시장의 대세로 자리 잡은 탓이 큽니다. 특히 아파트 단지가 대규모로 건설되면서 건설 평면이 표준화되어 거래의 편의성이 높아진 데다, 아파트가 가지는 단열이나 주차 등의 이점이 강조되었죠.

반면 단독주택에는 크게 두 가지 문제가 있습니다. 첫 번째는 임대 들어와 사는 분들의 재정능력입니다. 앞에서 집주인들이 공실 및 월세 수령 시 발생하는 문제를 세입자에게 전가하려 든다고 이야기했는데, 이 문제가 단독주택에서 크게 부각됩니다. 전세나 자가가 아닌 월세(혹은 반전세)로 다가구주택에 사는 사람들은 현재 소득 수준이 낮거나 혹은 전세대출을 받지 못하는 상황에 처해 있을 가능성이 크죠. 이런 탓에, 월세를 꼬박꼬박 내는 세입자를 구

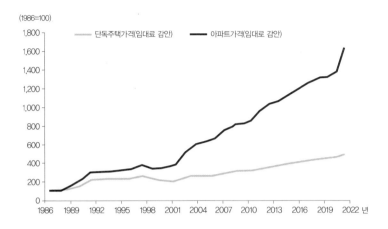

(1986=100)

단독주택가격(임대료 감안)　　아파트가격(임대로 감안)

1,800
1,600
1,400
1,200
1,000
800
600
400
200
0

1986　1989　1992　1995　1998　2001　2004　2007　2010　2013　2016　2019　2022 년

※ 한국은행, KB부동산, 프리즘 투자자문 작성.

하는 게 집주인의 간절한 소망으로 부각되는 것 같습니다. 물론 못 받은 월세를 보증금에서 제합니다만, 밀린 월세가 보증금을 넘어서는 경우도 종종 발생합니다.

　단독주택이 지니는 두 번째 문제는 감가상각의 위험입니다. 감가상각이라는 말이 어렵게 들리는데, 자동차를 생각하면 쉽습니다. 현대자동차에서 만든 싼타페를 3천만 원 주고 샀더라도, 1년이 지난 다음 중고차 시장에서 팔리면 2,500만 원으로 깎아 주어야 할 수 있습니다. 이때 싼타페의 가치는 1년 만에 500만 원이 내려갔는데, 이처럼 물건이 낡아가며 가격이 떨어진 것을 감가상각이라고 부릅니다. 다가구주택은 보증기간이 끝난 자동차와 비슷합니다. 왜냐하면, 다가구주택의 감가상각 속도가 아파트에 비해 빠르게 진행되기 때문입니다. 아파트는 자가로 거주하는 이들이 많은 반면, 다가구주택은 세입자가 많다는 게 큰 차이를 만듭니다. 자기 집에 사는 사람들은 인테리어에도 더 신경 쓰고, 이웃 사람들의 눈치도 더 열심히 봅니다. 게다가 아파트는 수백 혹은 수천 가구가 함께 거주하기 때문에 조금만 돈을 모아도 큰돈이 되고, 이 돈을 이용해 아파트 관리를 잘할 수 있습니다. 반대로 다가구주택은 집주인이 혼자 모든 관리에 신경을 쓸 뿐이니, 건물이 금방 낡아버릴 가능성이 크죠.

따라서 주택을 매매할 때 가장 먼저 고민해야 할 부분은 '아파트인가 아닌가'의 여부인 것 같습니다. 물론 단독주택이라고 해서 절대 투자해서는 안 된다는 이야기가 아니라, 이런 역사적인 성과 차이를 알고 있는지를 점검해 보라는 것입니다. 단독주택이 가지는 여러 이점과 단점을 고민해서 투자한다면, 투자에 후회가 없으리라고 생각합니다.

서울 아파트 독주의 원인은 무엇일까요?

주택을 구입하기 전에 알아 두어야 할 필수 지식 두 번째는 투자 대상 지역의 중요성입니다. 다음 그림을 보면, 서울 아파트가격이 전국 평균에 비해 상승률이 더 높은 것을 발견할 수 있습니다. 2000년대 초반까지는 지역별 아파트가격에 차이가 없었는데, 이후 격차가 벌어지기 시작했습니다.

어떤 요인이 양극화를 유발했을까요? 가장 직접적인 요인은 수도권으로의 인구 집중 및 수도권 이외 지역의 절대 인구 감소입니다. 대표적인 공업지역인 영남권 인구는 1970년 979만 명에서 2000년 1,311만 명으로 늘었지만, 이때를 고비로 감소세가 이어지고 있습니다.[4] 호남권의 인구는 1970년 697만 명에서 2020년 571만 명까지 줄어들었고, 앞으로도 지속적인 감소가 예상됩니다.

그런데 흥미로운 것은 지방인구의 감소 속에서 중부권(충청, 강원지역)은 다른 흐름을 보이고 있다는 것입니다. 인구수가 1970년 636만 명에서 2020년 720만 명으로 오히려 늘었고, 2037년까지 꾸준한 증가가 예상된다고 합니다. 아마 강릉선 KTX의 개통으로 경치좋은 동해안에서 주말을 보내려는 수요가 늘어난 데다, 행정수도의 이전이 세종-대전 지역으로의 인구이동을 유발하지 않았나 생각됩니다.

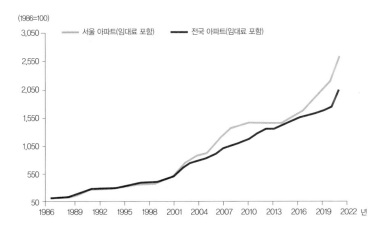

(1986=100)

※ 한국은행, KB부동산, 프리즘 투자자문 작성.

    수도권의 인구는 2020년 역사상 처음으로 지방의 인구를 추월
한 2,596만 명에 이르렀으며, 2032년까지 꾸준히 늘어날 것으로 예
상됩니다. 인구증가뿐만 아니라 인구구성의 변화도 흥미롭습니다.
최근 20년간 10대와 20대 인구가 수도권으로 꾸준히 유입된 반면,
40대 이상은 2008년 이후 꾸준히 유출된 것을 발견할 수 있기 때문
이죠. 젊은이들의 수도권 유입은 학업과 직장 문제 때문이며, 40대
의 수도권 인구 유출은 세종시 및 혁신도시로의 이주 때문으로 보
입니다. 왜냐하면, 40대의 지방 이주는 2010년대 중반에 절정에 달

한 후 최근 순유출 규모가 급격히 감소하고 있기 때문입니다. 결국 2010년대 중반에 나타났던 서울 아파트가격의 조정은 40대의 지방 이주로 강하게 영향을 받았다고 볼 수 있으며, 혁신도시로의 이주가 일단락되며 다시 상승 흐름을 탔다고 볼 수 있겠습니다.

주택공급의 감소도 양극화를 유발합니다

서울이 독주하는 두 번째 이유는 주택공급의 부족 때문입니다. 지난 20년을 돌이켜볼 때 서울에 연평균 3만~4만 호 정도의 아파트 입주가 이뤄졌지만, 2019년을 고비로 이른바 '입주 절벽'을 겪는 중입니다.[5] 반면 지방의 주택공급은 울산과 대전 정도를 제외하고는 꾸준한 흐름을 보여줍니다.

어떤 이들은 "주택공급의 감소가 주택가격 상승의 원인이 될 수 없다"고 주장하기도 합니다. 그러나, 이는 인간의 본성을 무시한 처사가 아닌가 생각됩니다. 우리는 생명 유지에 필수적인 물에는 헐값을 지급하는 반면, 없어도 얼마든지 살 수 있는 금이나 다이아몬드 같은 재화에는 엄청난 돈을 지급합니다. 이런 이상한 일이 벌어지는 이유는 결국 금이나 다이아몬드가 매우 희소하기 때문일 것입니다.

물론 불황에는 아무리 주택공급이 줄어들어도 가격이 오르기는 어려울 수 있습니다. 그러나 불황이 끝나고 난 후에는 어떻게 될까요? 소득이 늘고, 미래 전망이 개선될 때는 지하 주차장이 갖춰져 지상에서 아이들이 자동차 걱정 없이 뛰어놀 수 있는 데다 마음 편하게 아이들을 등하교시킬 통학로를 갖춘 대단지 신축 아파트를 선호하지 않겠습니까? 따라서 주택공급이 줄어들면 집값이 오를 가능성이 커지며, 반대로 주택공급이 늘어나면 집값이 빠질 수 있습니다.

참고로 서울에 있는 아파트가 대략 156만 호이니, 50년 동안 감가상각된다고 가정하면 매년 3만 호 이상의 신규 아파트 공급이 필요합니다.[6] 물론 50년보다 더 짧은 감가상각 기간을 가정하면, 이게 최저 규모라는 것을 알 수 있습니다. 1970년대에 지어진 여의도 아파트에 살았던 경험을 잠깐 이야기하자면, 배관이 쇠로 만들어진 탓에 수도를 틀기만 하면 녹물이 나오고, 또 심심찮게 배관이 터지곤 했습니다. 게다가 천장과 바닥에 미세한 금이 있었기에, 윗집의 배관이 터지면 아랫집도 함께 침수되었죠. 그 아파트를 떠난 지 10년이 넘었지만, 아직도 재건축되었다는 소식이 들리지 않는 것을 보면 답답할 뿐입니다. 우리나라에서 가장 입지 조건이 좋은 곳에 있는 아파트가 사람이 살기에 힘든 곳이 되고 있으니 말입니다.

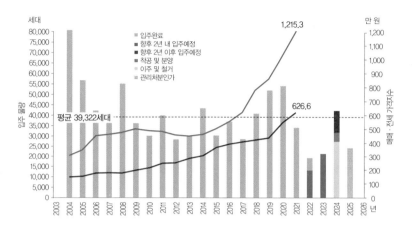

2004년 이후 서울 아파트 입주 물량 추이

세대

- 입주완료
- 향후 2년 내 입주예정
- 향후 2년 이후 입주예정
- 착공 및 분양
- 이주 및 철거
- 관리처분인가

평균 39,322세대

1,215.3

626.6

※ 부동산 리치고.

핵심지역의 재건축 아파트 개발이 지연된 가장 직접적인 이유는 2017년 시행된 이른바 '8.2 부동산대책'에서 찾을 수 있습니다. 이때 재건축·재개발 아파트를 중심으로 가격 상승 징후가 보이자 분양가 상한제 및 재건축 초과이익 환수제를 시행했는데, 당장의 아파트가격 상승을 누를 수는 있었지만, 미래의 아파트 공급을 줄이는 결과를 가져왔던 것입니다.[7]

최근 서울 반포동에 지어진 아파트 '원베일리' 청약에 성공한 이들은 최소 10억 원 이상의 차익을 누릴 수 있다고 합니다.[8] 이렇게 큰 시세차익이 발생하는 이유는 결국 분양가 상한제 때문입니다. 시장의 수요에 맞춰 분양가가 결정되었다면 최소 10억 원의 시세차익이 발생할 리 없죠. 그리고 당첨자의 시세차익은 곧 건설사와 기존 주민이 누려야 할 이익에서 가져간 것으로 볼 수 있습니다. 건설사는 분양가를 제때 올리지 못해 수익성이 악화되었을 것이며, 기존 주민들은 새집 건축으로 발생하는 이익의 상당 부분을 정부에 돌려주었기 때문입니다.[9] 따라서 2017년 이후 수도권 지역의 재건축·재개발이 어려워졌고, 이는 2020년부터 시작된 입주 물량의 감소로 연결되었습니다.

물론 새 정부가 민간 중심의 주택공급 확대 정책을 공언하고 있지만, 주택공급에 상당한 시간이 소요된다는 것을 고려한다면 서울 등 수도권 핵심지역의 입주 물량 감소는 수년간 지속될 것 같습니다.

11

아파트 매매 타이밍은
어떻게 잡나요?

> 주택을 구입할 때는 아파트, 그 가운데에서도 인구가 늘어나는 지역의 아파트를 매입하라는 이야기는 알겠습니다. 그렇지만, 집값이 올라가는 속도를 보면 이걸 어떻게 따라잡나 하는 절망감이 앞섭니다. 저희는 부동산을 살 수 있을까요?

부동산은 경기를 꽤 탑니다

저는 흙수저 출신인데다 서울로 유학 온 다음 줄곧 자취를 했기 때문에, 저에게 서울 부동산은 그림의 떡이었죠. 수업 없는 날 학교 뒷산에 올라가 골짜기마다 그득한 아파트를 보면서 "어떻게 여기에 내 집 하나 없나!" 하며 한탄했던 기억도 납니다.

이런 입장에 처해 있는 사람들에게는 불황이 기회가 됩니다. 다음 그림은 경기동행지수 순환변동치와 주택가격 변화의 관계를 보

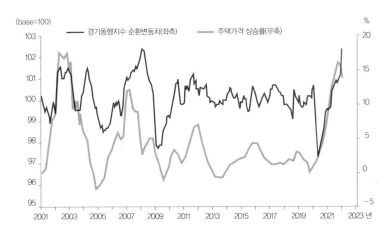

경기 변화와 주택시장의 관계

(base=100)
━━ 경기동행지수 순환변동치(좌측) ━━ 주택가격 상승률(우측)   %

※ 통계청, KB부동산, 프리즘 투자자문 작성.

여주는데, 경기동행지수가 하락할 때 부동산 가격의 상승 탄력이
둔화되거나 심지어 하락하는 것을 발견할 수 있습니다. 여기서 경
기동행지수란, 현재 경제의 상황을 실시간으로 측정해 주는 경제
지표입니다. 100을 기준으로 그 이상이면 호황이라고 볼 수 있고,
반대로 100을 크게 밑돌면 불황이라고 볼 수 있습니다.

호황에는 취업도 잘되고 임금도 오를 가능성이 커서 주택을 구
입하려는 사람들이 증가하지만, 불황에는 임금이 깎이거나 심지어
일자리를 잃을 수도 있으니 큰돈을 들여 집을 사기가 어렵습니다.

한국 부동산은 매우 안정적으로 움직이는 경향이 있지만, 한국 아파트 투자의 성과(임대료 포함)가 마이너스를 기록했던 시기는 경기 동행지수가 급격히 떨어진 때와 겹칩니다.

물론 불황에는 대부분의 사람이 돈이 부족합니다. 주택가격뿐만 아니라 주식가격도 빠질 가능성이 큰 데다 근로소득도 줄어들 수 있으니까요. 이럴 때 부자들이 더 부유해지곤 합니다. 명절 때 모인 친척들이 "그 시절에 돈이 있었다면 얼마나 좋았을까!"라며 안타까워하는 이야기들을 들어 보셨을 겁니다. '불황에 돈이 없어 저평가된 자산을 살 수 없는' 문제를 해결하는 데는 달러 투자가 답입니다. 4장에서 미국 주식과 미국 국채 그리고 한국 주식에 투자하는 '투자 3분법'을 말씀드린 이유가 이런 데 있죠. 남들이 다 집을 팔려 들거나 혹은 구입을 포기할 때, 달러를 가지고 있으면 주택을 구입하기에 편합니다.

저도 첫 집을 카드위기 때 샀습니다. 카드위기란, 2002년부터 시작된 카드 연체율의 급격한 상승에서 비롯된 금융위기를 뜻합니다. 당시 우리 정부는 수출 부진에 대응해 경기를 부양할 목적으로 카드에 대한 규제를 풀었습니다. 이전에는 신용카드를 발급하기 위해서는 엄격한 자격 증빙이 필요했지만, 규제 완화 이후에는 원하는 사람이면 누구나 신용카드를 발급할 수 있었죠. 1999년 한국 전체에 발행된 신용카드는 4만 장에도 미치지 못했지만, 2002년 한 해 동안 발행된 신용카드의 수는 2억 장을 넘어섰을 정도였습니다.

결국 2002년부터 문제가 터지기 시작했습니다. 신용카드 연체율이 9%까지 상승한 것입니다. 연체율이란 현금서비스 혹은 할부를 통해 카드사로부터 돈을 빌린 사람들이 원금을 갚지 못하는 비율을 뜻합니다. 2001년 신용카드 이용 금액이 443조 원 수준이었다는 것을 참고할 때, 약 30조 원 이상의 돈이 부실화되었다는 이야기가 됩니다. 참고로 2001년 한국을 대표하는 기업(코스피200 구성종목)의 영업이익이 단 25조 원에 불과했다는 점을 볼 때, 얼마나 많은 돈이었는지 알 수 있습니다. 결국 LG카드와 외환카드 등 주요 카드사가 없어지거나 혹은 다른 곳에 팔리는 신세가 되었고, 외환은행은 해외의 사모펀드에 매각되어 이후로도 헐값 매각 논란에 시달렸습니다.[1]

이런 시기에 주택을 구입하는 것은 매우 부담스러운 일이었습니다. 그러나 불황에 집을 사야 하는 또 다른 이유, 바로 저금리 환경이 출현했기에 저는 용기를 낼 수 있었습니다.

금리가 낮게 형성될 때 집을 사야 합니다

지방 출신의 신혼부부에게 큰돈이 있을 리 만무하지만, 당시 펼

처졌던 강력한 저금리 정책 덕분에 저는 주택 매수 결정을 내릴 수 있었습니다.

이제 1990년대 초반, 압구정을 비롯한 강남의 인기 아파트가 평당 천만 원의 벽을 처음 돌파했을 때를 생각해 보겠습니다. 주택가격 대비 전세금 비율이 통상 60%이니, 30평 아파트값은 3억 그리고 전세는 1억 8천만 원이 됩니다. 2021년 말, 서울 아파트 평균 가격이 평당 5천만 원에 도달한 것을 고려하면 굉장히 저렴한 것처럼 보이지만, 금리 여건을 생각해 보면 생각이 달라집니다. 당시 5년 만기 국민주택 채권의 금리가 15.0%였으니, 시가 3억 원짜리 아파트를 구입하는 데 따르는 기회비용은 어마어마한 수준이었죠.

여기서 기회비용이란, 아파트 구입 과정에서 포기한 다른 소득을 의미합니다. 만일 압구정 아파트를 구입하는 대신 그곳에서 전세로 살았다면, 1억 2천만 원이라는 돈이 남습니다. 그 돈을 15% 이자를 주는 예금이나 채권에 투자하면, 연 1,800만 원이라는 돈이 생기죠. 따라서 이자율이 높은 시기에는 주택 구입에 대한 기회비용이 높아지기에 가격 상승이 나타나기는 어려워집니다.

2002~2005년에는 반대의 일이 벌어졌습니다. 당시 한국은행은 기준금리를 5.25%에서 3.25%까지 무려 2%p나 인하했습니다. 금리가 인하되면 주택을 구입하려는 이들에게 큰 도움이 됩니다. 매년 은행에 내야 하는 이자가 줄어들 뿐만 아니라, 주택 보유에 따른 실

질적인 부담도 낮아지기 때문입니다. 지난 2020년 코로나19 팬데믹 때 기준금리가 0.5%까지 떨어지자 주택가격이 급등했던 이유가 이런 데 있습니다. 주택 구입에 따르는 이자 비용은 떨어진 반면, 월세 혹은 전세 부담은 그대로이니 집을 사는 게 낫다고 판단한 이들이 늘어났기 때문입니다.

불황으로 집값이 떨어지고 금리가 인하될 때 주택을 매입해야 하는 이유를 이해하셨으리라 생각합니다. 그리고 여기에 한 가지 조건이 더 추가된다면 주택 매입을 서두르는 것이 낫습니다. 바로 미분양주택의 감소 때문입니다.

지역별 미분양주택의 통계를 점검하라

10장에서 잠깐 살펴본 바와 같이, 주택시장에 신축 주택의 공급이 풍부한지 아니면 희소한지를 판단하기 위해서는 주택공급의 변화를 점검해야 합니다. 최근 '부동산 리치고' 혹은 '직방' 같은 프롭테크 앱이 잘 개발되어 있어, 지역별 입주 물량 및 재건축 진행 속도를 신속하게 파악할 수 있으니 꼭 활용하시기를 바랍니다. 이런 앱을 사용하기 힘든 분들은 한국 정부가 제공해 주는 '시·군·구별 미분양현황'을 참고하셔도 좋고요.

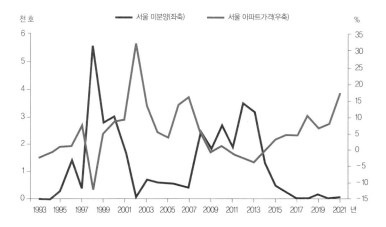

서울 미분양주택과 아파트가격 추이

천 호   —— 서울 미분양(좌축)   —— 서울 아파트가격(우축)   %

※ 통계청. KB부동산. 프리즘 투자자문 작성.

위 그림은 서울의 미분양주택과 아파트가격의 상승률을 보여주는데, 집값이 상승할 때마다 미분양이 줄어들고, 반대로 미분양이 늘어날 때는 집값이 부진한 것을 발견할 수 있습니다. 그런데 흥미로운 것은 미분양이 고점을 찍고 2년째 줄어든 이후 본격적인 상승세를 보이는 것을 발견할 수 있습니다. 가장 대표적인 시기가 2001년과 2014년으로, 대세 상승 국면의 초입이죠.

이런 일이 벌어지는 것은 '착공과 공급 사이의 시차' 때문입니다. 재건축·재개발 허가가 쉽게 나고 분양가 상한제가 폐지된다고 해서, 집이 뚝딱 지어지지는 않습니다. 기존 주민이 이주한 다음에야 집을 철거하고 땅을 파 새집을 지을 수 있으니, 최소 3년 이상의 시간이 걸리죠. 이런 특성 탓에 부동산 시장은 한 번 가격이 빠지면 오랫동안 지속되는 경향을 띱니다.

가장 대표적인 시기가 2014년이었습니다. 2010년부터 시작된 주택시장의 불황으로 이른바 '하우스푸어' 사태가 발생하며 미분양이 크게 늘어났습니다. 정부는 금리를 인하하고 앞으로 신규 주택용지를 공급하지 않겠다고 선언했는데도 시장은 요지부동이었죠.[2] 그러나 부동산 부양 대책이 시행되고 나서, 1년이 지난 2015년부터 서울 아파트가격이 상승세로 돌아서기 시작했습니다.

2010년대 중반부터 주택시장이 강세로 돌아선 이유는 두 가지 때문이었습니다. 첫 번째는 저금리 정책 덕분에 경기가 조금씩 좋아진 덕분이었고, 두 번째는 미분양이 감소된 것이었습니다. 미분양이 줄어든 이유는 강력한 정책 시행 때문이었죠. 당시 정부는 시가 6억 원 이하의 미분양주택을 매입하는 이들에게 취득세 및 양도세를 감면해 주는 것은 물론, 저금리 대출까지 제공하는 등 파격적인 정책을 펼쳤습니다.[3] 안 그래도 집값이 싼데, 각종 혜택까지 부여되니 수요가 서서히 몰리기 시작했던 것입니다. 그리고 알짜 미분양주택이 줄어드는 가운데, 결혼이나 이주 등으로 인해 주택을 새로 구입해야 하는 이들이 주택시장에 유입되면서 기존 주택가격도 상승세로 돌아섰습니다.

따라서 집값이 떨어지고 금리가 내려가며 미분양마저 줄어드는 시기에는 주택을 구입하는 데 용기를 내보는 게 어떨까 싶습니다.

● **미분양 통계는 어떻게 찾을 수 있을까요?**

'주택미분양 현황'이라고 검색하면 다음과 같은 결과를 발견할 수 있습니다. 저는 'e-나라지표'를 선호하니 두 번째 검색 결과를 클릭합니다.

이제 다음과 같은 통계표를 발견할 수 있습니다. 전국은 물론 지역별 미분양 주택 현황이 연도별로 나와 있는 것을 발견할 수 있죠. 대구나 부산 그리고 광주 등 지방의 미분양 현황도 알고 싶다면, 검은색 박스로 표시된 '상세 통계 표 조회하기(클릭)' 부분을 누르면 됩니다.

이제 거의 다 왔습니다. '미분양현황_종합'을 다시 클릭하면 그다음의 창을 볼 수 있습니다. 지역별 미분양주택 현황이 보기 좋게 정리되어 있습니다. 혹시 2019년 이전 통계까지 조회하기를 원하는 분들은 검은색 박스로 표시된 '조회설정'을 클릭해서 기간을 조정하시면 됩니다.

내 집 마련은 언제가 적기일까요?

이 대목에서 "앞으로 부동산 시장이 어떻게 될까요"라는 질문을 하는 분들이 많으리라고 생각합니다. 신정부가 들어섰지만, 주택공급정책에 큰 변화를 느낄 수 없으니 경기와 금리 여건이 미래를 좌우할 것 같습니다. 수출 탄력이 둔화되고 한국은행의 금리 인상이 거듭되는 만큼, 주택시장은 적어도 1~2년은 약세 흐름을 탈 것 같습니다. 그러나 이게 1997년이나 2010년 같은 전국 주택가격의 동반 하락 국면의 시작이 될지는 불투명합니다.

왜냐하면, 서울을 비롯한 수도권의 아파트 노후도가 대단히 심각하기 때문입니다.[4] 1980년대 초반에 지어진 목동이나 상계동 등의 서울 내 대규모 주택단지는 이미 30년을 경과했을 뿐만 아니라, 1990년대 초반 이른바 '국민주택 200만 호' 건설 때 지어진 아파트도 문제가 될 것입니다.[5] 당시 서울에 40만 호, 일산이나 분당 등 서울 외곽 다섯 개 신도시에 30만 호가 지어졌는데, 너무 급하게 아파트를 짓다 보니 부실 위험이 크다는 우려가 제기되고 있습니다.[6] 따라서 2030년이 가까워지면 노후 주택의 재건축 이슈가 두드러지며 멸실 문제가 발생할 것으로 예상됩니다.

이 같은 중장기 요인을 고려할 때, 2020년대 중반에는 지나치다 싶을 정도로 많은 신축 주택의 착공이 필요하다고 봅니다. 특히 2021년의 토지주택공사LH 사태에서 보듯, 정부가 공공택지를 건설해서 대규모로 주택을 공급하는 게 많은 문제를 내포하고 있다는 사실이 드러난 데 주목할 필요가 있습니다.[7] 더 나아가 2018년 이른바 '9.13 부동산 종합대책'으로 3기 신도시 착공 계획이 발표되었지만, 2021년 말까지 단 한 곳도 토지 보상이 완료되지 않은 상황입니다.[8] 1990년대처럼 택지개발촉진법을 휘두르며 토지를 일괄적으로 수용하고, 신속하게 신도시를 건설하는 것은 이제 불가능한 세상이 되었기 때문이죠.[9]

따라서 민간 주도의 주택공급이 활성화된다면 2020년대 후반에 발생할 멸실 충격을 사전에 억제할 수 있겠지만, 이 기대가 무산될 경우에는 주택시장이 다시 불안해질 수 있습니다. 만에 하나 후자의 가능성이 커질 때는 2020년대 중반의 일시적인 주택공급 확대 국면이 내 집 마련의 좋은 기회가 되리라고 생각합니다.

● **경기동행지수 순환변동치를 점검하는 법**

한국 경제의 상황을 점검하는 데 도움이 되는 지표, '경기동행지수 순환변동치'는 통계청이 매월 말에 발표합니다. 검색창에 '한국 통계청'을 검색하면 다음과 같이 홈페이지를 발견할 수 있습니다. 여기서 보도자료 항목을 클릭하면, '산업활동동향'이라는 자료를 금방 찾을 수 있습니다.

보도자료의 4장 '경기동향 항목(38쪽 전후)'으로 가면 다음 그림을 찾을 수 있습니다. 2022년 1월 경기동행지수 순환변동치가 넉 달 동안 연속으로 상승하는 것은 물론, 경기판단의 기준선인 100p를 넘어서고 있는 것을 발견할 수 있네요.

	'21.6월	7월	8월	9월	10월	11월p	12월p	'22.1월p
동행종합지수(2015=100)[1]	116.9	117.3	117.6	117.8	118.1	118.5	119.5	120.4
– 전월비(%)	0.3	0.3	0.3	0.2	0.3	0.3	0.8	0.8
동행지수 순환변동치[2]	100.6	100.7	100.9	100.8	100.9	101.1	101.8	102.4
– 전월차(p)	0.1	0.1	0.2	–0.1	0.1	0.2	0.7	0.6

1) 구성지표의 비경기적 요인(계절요인 및 불규칙요인)을 제거하여 종합한 지표
2) 동행종합지수에서 추세요인을 제거한 지표

*회색 부분은 경기수축기임

12

부동산 시장에 대한 예상이 빗나갈 때를 대비하는 방법은 없나요?

주택가격의 급등세가 점차 진정될 것이라니, 참 다행입니다. 그러나 수년 뒤에 올 조정을 기다리다가 만에 하나 집값이 급등하면 어쩌죠? 이 위험을 대비할 방법은 없나요, 박사님?

한국 부동산만 부동산인 건 아닙니다

저는 지난 2021년 상반기까지는 "부동산 시장의 정점은 2023년일 가능성이 크다"고 전망했습니다만, 그해 가을부터 전망을 수정한 바 있습니다. 왜냐하면 2021년 여름부터 시작된 부동산 가격의 상승 속도가 너무 가팔랐기 때문이죠. 월간 기준으로 2% 이상 전국 아파트가격이 상승하는 강세장은 저도 처음 경험하는 것이었으니까 말입니다. 그러니 11장의 전망도 얼마든지 빗나갈 수 있습니다. 새 정부 출범 이후 갑자기 경기가 좋아질 수도 있고, 아니면 인플레이션이 꺼지면서 오히려 금리가 인하될 수도 있죠. 이 위험을 어떻게 해결할 수 있을까요?

가장 손쉬운 대안은 미국의 리츠에 투자하는 것입니다. 여기서 리츠[REITs]란 부동산투자신탁증권의 약자로, 주거용뿐만 아니라 물류센터와 쇼핑몰 등에 투자해 발생한 수익을 투자자들에게 돌려주는 일종의 펀드라고 할 수 있습니다. 즉, 부동산 펀드를 주식시장에서 자유롭게 거래하는 상품이 리츠라고 할 수 있습니다. 한국에 상장된 맥쿼리인프라(088980)가 대표적인데, 이 회사는 도시가스와 도로 등에 투자한 후 통행료와 요금을 받아 가는 일종의 '인프라 펀드'에 속합니다.[1]

그러나 안타깝게도 현재 시점까지는 한국 부동산(특히 주거용)에 투자하는 상품을 찾기가 쉽지 않습니다. 한국에 점점 더 많은 리츠가 상장되고 있지만, 대부분 사업용 오피스 빌딩 혹은 리테일 분야에 치중되어 있기 때문입니다. 따라서 미국 리츠가 투자의 대안으로 강조됩니다. 미국에는 인프라부터 물류센터와 데이터센터 그리고 임대용 부동산 투자까지 매우 다양한 종류의 리츠 상품이 존재하며 또 투자하기도 편리하게 되어 있기 때문입니다.

물론 "미국 부동산 리츠에 투자하면 한국 부동산만큼 성과를 낼 수 있을까요?"라는 질문을 던지는 분들도 있으리라고 봅니다.

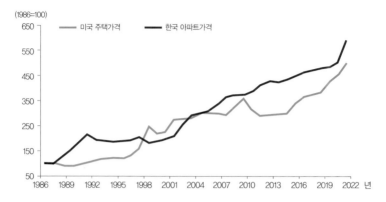

이에 대해서는 저도 확신할 수는 없습니다. 다만 지난 1986년 이후의 경험을 보면, 한국 부동산과 미국 부동산 가격의 상승률은 대체로 비슷했다는 것은 말씀드릴 수 있습니다.

위 그림은 미국 주택가격지수와 한국 아파트 매매가격지수를 비교한 것인데, 두 나라의 주택가격이 비슷한 레벨로 상승했다는 것을 금방 확인할 수 있습니다.[2] 이런 현상이 나타나는 이유는 크게 두 가지 때문이라고 생각합니다.

첫 번째 요인은 당연히 글로벌 경기의 동조화 현상 때문입니다. 1980년대 한국경제가 호경기를 누렸던 원인은 플라자합의(1985년)

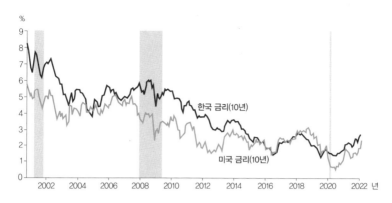

%
9
8
7
6
5
4
3
2
1
0

한국 금리(10년)

미국 금리(10년)

2002 2004 2006 2008 2010 2012 2014 2016 2018 2020 2022 년

※ 세인트루이스 연방준비은행, 프리즘 투자자문 작성.

이후 시작된 수출 경기로 경상수지의 흑자를 기록하고, 해외에서 들어온 유동성이 부동산 시장에 유입되었기 때문이었습니다. 따라서 미국 경제가 좋을 때, 특히 부동산 등 내수경기가 활황을 보이며 수요가 늘어날 때마다 한국 수출이 원활히 되고 이게 다시 우리 부동산 가격을 밀어 올린다고 볼 수 있습니다.

한국과 미국 부동산 시장이 비슷한 흐름을 보이는 두 번째 요인은 금리 때문입니다. 위 그림에 나타난 것처럼, 한국 국채금리와 미국 국채금리는 예전보다 훨씬 더 비슷한 움직임을 보입니다. 이런 현상이 나타나는 이유는 경기에 못지않게 인플레이션도 비슷하게 움직이는 데다, 한국 채권시장에도 외국인 투자자들이 대거 유입되고 있기 때문입니다. 2022년 2월 말 기준으로 외국인의 국내 채권 보유액은 22.9조 원으로 약 9.1%에 이릅니다.[3]

한국과 미국 부동산의 사이클이 종종 달라지는 이유

한국과 미국의 부동산 시장은 대체로 비슷한 흐름을 보이지만, 종종 그 흐름이 달라지곤 합니다. 이런 현상이 나타나는 이유는 바로 주택공급의 차이 때문입니다. 미국은 2000년대 중반 부시 행정부의 규제 완화 조치에 힘입어 강력한 공급 붐이 발생하며 심각한 불황을 경험했던 반면, 한국은 2기 신도시 및 보금자리 주택 입주가 집중된 2010년대 초반에 미분양 아파트가 급격히 증가하는 가운데 이른바 '하우스푸어 사태'를 겪었습니다. 참고로 보금자리 주택이란, 2008년 한국 정부가 무주택 서민과 저소득층의 주거 문제를 공공이 책임지고 해결한다는 취지에서 공급된 국민주택 이하의 주택을 뜻합니다.[4] 보금자리 주택은 2018년까지 150만 호를 공급할 계획이었으나, 재정부담이 예상보다 커지고 민간 주택시장이 침체되면서 2013년 박근혜 정부 출범 이후 중단되었습니다.[5]

2000년대 초중반 미국의 주택공급이 많이 증가했는데도 집값이 상승한 이유는 어디에 있을까요? 제가 볼 때 두 가지 이유가 있는 것 같습니다.

첫 번째 이유는 '심리' 때문일 것입니다. 주택가격이 계속 오를 것이라는 믿음이 강화되고, 사회관계망서비스에 집을 사서 돈을 벌었다는 자랑 글이 올라오면서 새로운 매수자를 끌어들이곤 합니다. 특히 2008년 이전, 미국 금융회사들이 적극적으로 대출을 해주고 있었기에 "내가 팔 때까지는 집값이 빠지지 않을 것"이라고 믿는 이들이 늘어난 것도 영향을 미쳤죠.

주택공급이 늘어나는데 집값이 급등한 또 다른 이유는 주택공급의 시차 때문일 것입니다. 타워크레인이 올라가고 땅 파는 소리가 시끄럽게 울리기 시작한 후, 2~3년이 지나야 입주가 이뤄집니다. 즉, 수요가 늘어날 때 잔뜩 지어진 주택으로, 불황에 일제히 입주하게 되는 경우가 생기는 것입니다. 이런 식으로 수요와 공급 사이에 불균형이 오래가는 상품이 세상에 꽤 존재합니다. 가장 대표적인 게 '돼지 사이클pork cycle'이죠.

돼지 사이클이라는 단어는 1928년 독일의 경제학자 아르투어 하나우Arthur Hanau가 처음 사용했다고 합니다. 그는 돼지 가격의 변화가 대단히 격렬한 이유를 탐구하던 중에 '제한적 합리성'이라는 개념을 개발했죠.[6] 예를 들어, 돼지고기 가격의 급등이 출현한 경우를 생각해 보겠습니다. 축산농가는 소득의 증가를 더욱 촉진할 목적으로 평소보다 더 많은 새끼 돼지를 구입하고, 그 결과 새끼 돼지의 가격이 가파르게 상승합니다. 이 결과 도축할 돼지의 가격은 계속해서 상승하며 물류업체의 냉동창고가 텅텅 비기 시작할 것입니다. 이때 소비자들은 돼지고기 대신 닭고기나 쇠고기를 먹는 방향으로 식단을 바꿀 것입니다.

결국 파국이 찾아옵니다. 새끼 돼지는 6개월만 키워도 성체가 되기에, 점점 더 많은 돼지가 시장에 공급되는 것이죠. 그러나 이미 소비자들은 값비싼 돼지고기를 먹지 않기로 했기 때문에, 돼지고기는 시장에 넘쳐흐르고 가격은 폭락하며 축산농가의 손실은 눈덩이처럼 불어납니다. 돼지고기는 거의 공짜처럼 헐값에 거래되며, 소비자들은 기뻐하며 돼지고기를 사 먹기 시작하겠죠. 그러나 축산농가가 돼지 사육 두수를 줄였으니, 적은 수의 돼지만 자라날 것입니다. 그러나 소비자가 다시 돼지고기를 먹기 시작했으니, 다시 돼지고기의 가격은 상승세를 탈 것입니다.

돼지 사이클이 보여주는 것처럼, 돼지 사육에 걸리는 시차와 시장 참여자들의 제한적인 합리성이 끊임없이 불균형을 만들어 냅니다. 부동산 시장도 마찬가지죠. 주택 착공이 시작된 후 약 2~3년이 지나야 입주가 가능하기에, 호황이 시작되었다고 해서 신속하게 새집이 공급되지 않으며 불황에도 주택공급이 감소하지 않는 것입니다. 따라서 나라마다 주택시장의 사이클은 조금씩 달라지곤 합니다.

어떤 리츠가 좋나요?

다음 순서로 미국의 수많은 리츠 ETF 가운데, 어떤 것을 골라야 하는지 살펴보겠습니다. 저는 시가총액이 가장 크고 또 다양한 분야에 분산된 상품을 선호합니다. 거래량이 많고 시가총액이 크면, 각 상품이 추종하는 지수와 시장 가격 사이에 괴리가 크지 않은 장점이 있기 때문이죠.[7] 예를 들어, 코스피200 지수를 추종하는 상장지수펀드 A가 있는데, 어느 날 코스피200 지수가 1% 오르는데 ETF A의 가격이 0% 상승이라면 무려 1%p나 싸게 거래되는 셈입니다. 이때 ETF A가 인기 상품이라면, 투자자들이 코스피200 지수에 속한 개별종목 주식을 사는 대신 저평가된 ETF A를 매입함으로써 추종하는 지수와 ETF 사이에 발생한 차이를 신속하게 좁힐 수 있을 것입니다. 반대로 코스피200을 추종하는 것은 같지만, 거래가 잘 되지 않는 ETF B는 문제가 달라집니다. 저평가된 ETF B를 사고 싶어도 팔자 호가가 촘촘하지 않으며, 더 나아가 팔자 호가에 걸려 있는 매물이 많지 않으면 괴리가 꽤 오래 유지될 수 있습니다.

따라서 거래량이 가장 많고 비용도 낮은 리츠 상품을 골라야 하는데, 저의 경우는 뱅가드^{Vanguard} 사에서 만든 리츠 지수 추종 ETF인 VNQ를 선호합니다. 다음 그림은 2000년 이후 케이스-쉴러^{Case-}

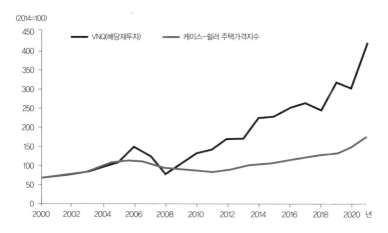

2000년 이후 미국 주택가격지수와 VNQ 성과

(2014=100)

— VNQ(배당재투자)　　　— 케이스-쉴러 주택가격지수

※ 세인트루이스 연방준비은행, 블룸버그, 프리즘 투자자문 작성.

Shiller 전미 주택가격지수와 VNQ의 추세를 보여주는데, 미국 주택 가격과 같은 방향으로 움직이는 것을 발견할 수 있습니다.[8] 참고로 주택가격지수보다 VNQ가 더 높은 성과를 기록하는 이유는 임대료 등의 수입을 대부분 배당금(ETF의 경우에 분배금이라고 부름)으로 지급해 주기 때문입니다. 리츠 ETF는 배당수익률이 매우 높은데, 이 높은 배당은 대부분 임차료에서 발생합니다. 그리고 1장에서 말씀드린 것처럼, 배당금을 재투자하는 것은 투자의 기본입니다.

● 미국 ETF는 어떻게 찾을 수 있나요?

검색창에 'us reits etf'이라고 입력하면 다음과 같은 결과를 발견할 수 있는데,
여기서 'ETF Database'를 클릭합니다.

그럼 다음과 같은 새 창이 뜨는데, 검은색 박스로 표시된 'VNQ'를 찾을 수 있
습니다. 정확한 이름은 'Vanguard Real Estate ETF'로, 총자산이 477억 달러
라는 것을 발견할 수 있습니다. VNQ 말고도 찰스 슈왑^{Charles Schwab}이 만든
리츠 ETF^{SCHH}도 유명하며, 세계적인 ETF 브랜드 SPDR의 XLRE도 좋은 상
품입니다. 이제 우리가 관심을 가지는 거래량과 시가총액말고, 한 가지 더 조
사할 포인트가 있죠. 바로 수수료입니다. 이를 파악하기 위해 검은색 박스 부
분을 누르세요.

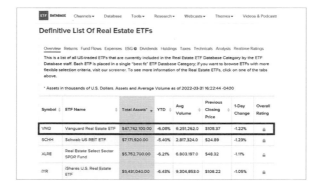

VNQ의 연 비용 expense ratio이 단 0.12%에 불과하다는 것을 발견할 수 있습니다. VNQ에 대해 더 궁금한 분들은 다른 항목을 클릭해도 좋습니다. 저는 왼쪽 매뉴얼에서 네 번째 'Holdings' 항목을 눌렀는데, 한때 관심을 가지고 공부했던 리츠 'Realty Income Corporation'에 2.18%나 투자하고 있다는 것을 발견하니 괜히 기분이 좋습니다.

탈무드 투자법은 어떨까요?

미국 리츠가 좋은 상품이라는 것을 알았으니, 투자하는 방법을 살펴보겠습니다. 미국 리츠에 투자하는 방법은 여러 가지가 있지만, 가장 편하고 또 성과도 괜찮은 것은 '투자 3분법'입니다. 앞서 3장에서 소개한 투자 3분법(미국 주식+미국 국채+한국 주식)과 혼동될 수 있으니, '탈무드 투자법'이라고 부르겠습니다. 유대인들의 경전인 《탈무드》에 소개된 간단한 분산투자 전략으로, 유대인들은 자산을 1/3씩 나누어 각각 부동산과 현금 그리고 사업체에 투자한다고 합니다. 탈무드의 가르침을 오늘날의 현실에 맞춰 미국 리츠와 미국 국채 그리고 한국 주식에 투자하는 것이 바로 '탈무드 투자법'입니다.

만약 2000년부터 100만 원을 탈무드 투자법으로 투자했다면 2021년 말에는 507만 원으로 불어나지만, 투자 3분법 전략을 사용했을 때는 380만 원이 되었을 것입니다. 연 환산 복리 투자 성과로 환산하면, 투자 3분법은 5.82% 그리고 탈무드 투자법은 무려 7.22%를 기록했습니다. 그렇다고 탈무드 투자법에 문제가 없는 것은 아닙니다. 2000년 이후의 수익률을 조사하면 두 차례의 마이너스를 기록한 것으로 나타나는데, 특히 2008년 글로벌 금융위기 때 -8.6%를 기록한 것이 눈에 띕니다. 반면 투자 3분법 전략은 2003년

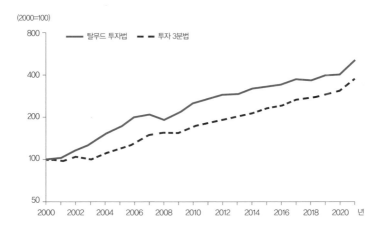

2001년 이후 투자 3분법과 탈무드 투자법의 성과 비교

(2000=100)

탈무드 투자법 ━━━ 투자 3분법 ━ ━

※ 블룸버그, 한국은행, 프리즘 투자자문 작성.

최악의 성과(-4.3%)를 기록했지만, 상대적인 하락 폭은 크지 않습니다.

따라서 다소 위험하더라도 적극적인 성과를 추구하는 투자자들에게는 '탈무드 투자법'이 더 적합하다고 볼 수 있겠습니다. 반대로 중위험·중수익을 추구하는 성향의 투자자들에게는 '투자 3분법'이 더 나을 수 있겠죠.

마지막으로 2000년 100만 원을 투자하고 내버려 두는 게 아니라, 매년 100만 원을 새로 불입하면서 리밸런싱한다고 가정한 성과

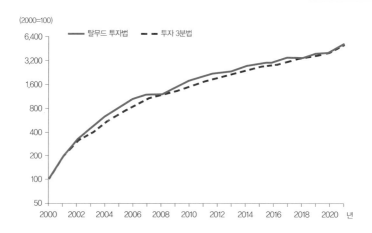

2000년 이후 투자 3분법과 탈무드 투자법으로 매년 100만 원씩 적립투자했을 때의 성과

(2000=100)

— 탈무드 투자법   ■ ■ 투자 3분법

6,400

3,200

1,600

800

400

200

100

50

2000 2002 2004 2006 2008 2010 2012 2014 2016 2018 2020 년

※ 블룸버그, 한국은행, 프리즘 투자자문 작성.

는 위 그림과 같습니다. 2000년대가 투자하기에 얼마나 좋은 때였
는지 새삼 느끼게 됩니다만, 2010년대에도 꾸준한 누적 성과를 기
록했다는 것을 알 수 있습니다. 2000년부터 탈무드 투자법으로 매
년 100만 원씩 적립투자를 실행했다면, 2021년 말 5,885만 원으로
불어났을 것입니다. 반면 투자 3분법 전략으로 매년 100만 원씩 적
립했을 경우, 2021년 말 5,301만 원이 되었을 것입니다.

이 사례를 통해 투자의 성과를 결정짓는 요인은 세 가지라는 것을
알 수 있습니다. 첫 번째는 얼마나 안정적이며 훌륭한 전략을 가지

고 있는지, 두 번째는 얼마나 일찍 시작했는지, 마지막 세 번째는 얼마나 큰 투자금을 집행했는지입니다. 연 100만 원을 적립투자한 결과, 21년 뒤에 5천만 원이 넘는 돈이 생긴 것이 좋은 예가 될 수 있겠죠. 만일 1천만 원을 적립투자했다면, 2021년에는 계좌에 5억 원 이상의 돈이 찍혀 있었을 것입니다. 더 나아가 진급을 가정해 적립투자금을 7년마다 2배씩 증액(연 1천만 원 → 2천만 원 → 4천만 원)했다면, 2021년 말 그의 자산은 10억 원대 중반에 도달했을 것입니다.

따라서 "서울 아파트를 못 샀으니 이번 인생의 투자는 글렀나 보다" 같은 이야기는 안 했으면 좋겠습니다. 서울 아파트의 수익률이 높은 것은 사실이지만, 세상에는 서울 아파트 이외에도 투자할 자산이 넘쳐흐르기 때문이죠.

● **주가지수는 왜 개발되었을까요?**

10장에서 블룸버그 리츠 지수를 추종하는 상장지수펀드 VNQ에 대해 알게 되었습니다. 그런데, 여기서 한 가지 의문이 생기죠. 대체 주가지수가 뭘까요?

주식시장에서는 삼성전자와 KB금융처럼 수많은 주식 종목이 거래됩니다. 대부분의 투자자는 개별 종목에 투자하는데, 주식시장 전체를 놓고 보면 거래되는 종목이 너무 많아서 종목별 시세를 아무리 뜯어봐도 시장 전반의 시세가 오름세인지 내림세인지를 파악하기가 어렵습니다. 이 불편을 해소할 목적으로 만든 것이 '주가지수'입니다.

주가지수의 '지수^{index}'란 어떤 시장에 상장된 주식의 가격이 일정 기간에 얼마나 달라졌는지 측정할 목적으로 만들어진 숫자입니다. 지수를 만들기 위해

12장

흔히 쓰는 방법은, 기준시점 값을 100으로 놓고 비교하려는 시점 값이 기준 값에 비해 얼마나 큰지 구하는 것입니다. 예를 들어, 지난해에 1만 원이던 주가가 올해 1만 2천 원이라면 지난해 기준으로 올해 주가지수는 120이 될 것입니다.

주가지수를 만들어 놓으면 다양한 효과가 발생합니다. 1차 효과는 선물거래 시장^{stock market index future}이 생기는 것입니다. 미래의 주가가 오르고 내릴지를 예측해, 다양한 매매가 가능합니다. 미래를 비관하는 이는 주가지수 선물을 매도함으로써, 실제 주가가 하락할 때 이익을 볼 수 있죠. 1997년 외환위기 때 외국인 투자자들은 코스피200 주가지수 선물을 매도함으로써, 큰 이익을 낸 것을 생각해 보면 됩니다. 참고로 코스피200 주가지수 선물 거래는 1996년 5월 3일 처음으로 시작되었습니다.

주가지수가 만들어 내는 또 다른 효과는 상장지수펀드 시장의 발전입니다. 코스피200 주가지수를 추종하는 ETF를 매입하면, 코스피200 지수에 포함된 200개 종목을 한 번에 매수하는 것 같은 효과를 냅니다.

빛내서 투자하는 것에 대해
어떻게 생각하세요?

21년 동안 7년마다 적립금을 2배로 올릴 정도로 투자해서 얻을 수 있는 게 고작 10억 원대 중반이라니! 손실 위험을 더 부담하더라도 빠르게 자산을 모을 방법은 없을까요?

돈을 빌려 투자해야 할 때도 있습니다

빨리 돈을 모으고 싶은 마음은 다들 비슷하죠. 21년 동안 적립 투자해서 10억 원대 중반의 돈을 모은다는 게 어떤 이들에게는 답답하게 느껴질 것이라는 점을 잘 압니다. 왜냐하면 증권사나 운용사 등 여의도 증권가에서 오래 근무한 덕분에, 빨리 부자가 되고 싶어 하는 이들을 너무나 많이 보았거든요.

그중 가장 기억에 남는 일이 있는데, 모 증권사의 전 직원을 대상으로 했던 증권투자 강의입니다. 당시 진행했던 설문조사에서, 저는 다음과 같은 항목을 넣었습니다.

당신이 투자를 통해 얻을 수 있는 연 기대수익률을 얼마로 보세요?
① 5% 이하   ② 5~10%   ③ 10~25%   ④ 25% 이상

이 질문에 답한 이들의 90% 이상이 ④번에 체크했습니다. 참고로 세계 최고의 부자, 워런 버핏의 투자수익률이 연 20% 전후라는 것을 고려하면, 25%의 기대수익률은 매우 허황된 목표라고 하겠습니다.[1]

이런 답변이 나온 이유는 해당 설문조사가 2007년에 이뤄졌기 때문입니다. 그리고 2008년 글로벌 금융위기가 닥쳤고, 이후 주식시장에 '잃어버린 10년'이 찾아왔습니다. 2007년 10월 코스피 지수가 2천 p를 넘어섰는데, 2017년 말에야 이 레벨을 확실하게 넘어서 새로운 영역으로 나갈 수 있었으니 말입니다. 따라서 욕망을 가지는 것은 좋으나, 그 성과를 내기 위해 자신이 부담해야 하는 위험도 함께 고민할 필요가 있다고 생각합니다.

투자기간을 단축해 재정적 독립을 달성하고 싶은 투자자라면 레버리지 투자를 고민해 볼 필요가 있을 것 같습니다. 물론 주식 신용을 매수하라는 이야기는 아닙니다. 2008년이나 2020년 같은 주

식시장의 폭락 국면에 돈을 빌려 주식 투자를 한 사람들이 큰 고통을 겪는 것을 눈으로 똑똑히 보았을 것이기 때문입니다.

대신 부동산 시장에서는 적절한 비율에 맞춘 대출이 오히려 권장됩니다. 공기업인 한국주택금융공사가 제공하는 보금자리론은 연소득 7천만 원 이하인 가구가 85제곱미터 이하의 '국민주택' 규모의 주택을 매입할 때, 장기 저리로 대출해 줍니다. 대표적인 상품인 u-보금자리론은 2022년 3월 말 기준으로 10년 만기 대출 이자가 3.65%에 불과합니다.[2]

그럼 이 대목에서 의문이 제기됩니다. 주식은 레버리지를 쓰면 안 되고, 부동산은 레버리지를 사용하도록 권고되는 이유는 무엇일까요? 그 답은 바로 '위험성'과 '이자율'에 있습니다. 어떤 자산 A는 10년에 한 차례 정도 마이너스 성과가 나고 또 그 폭도 5% 안쪽으로 억제되는 반면, 자산 B는 10년에 3~4년은 마이너스인데다 손실 폭도 20% 이상으로 발생한다면 어떨까요? 당연히 자산 A는 레버리지를 써도 되고, 자산 B는 레버리지를 쓸 때 신중해야 합니다. 나아가 자산 A는 연 3~4%의 낮은 금리로 장기 대출이 가능하지만, 자산 B는 기껏해야 3~6개월 만기로 대출되는 게 고작이라면 어떨까요? 이미 모두 눈치채셨겠지만, 바로 자산 A가 부동산이고, 자산 B가 주식입니다.

물론 부동산만 레버리지 투자가 가능한 것은 아닙니다. 실제로 캐나다 국민연금을 비롯한 세계적인 연기금 중의 일부가 레버리지를 활용한 자산배분전략을 실행에 옮기는 중이죠.[3] 예를 들어, 200조 원 정도 자산을 운용하면서 높은 신용을 활용해 100조 원 정도를 낮은 이자로 장기 대출받아 총 투자 규모를 300조 원 정도로 불려 투자하는 식입니다(부채 비율 50%). 물론 캐나다 국민연금은 한두 종목에 올인하는 것이 아니라 주식부터 채권 그리고 사모펀드까지 다양한 자산에 분산투자함으로써 '레버리지 투자가 재앙으로 이어지는' 길을 차단합니다.

이상의 내용을 종합하면, 낮은 금리로 장기간 돈을 빌리는 게 가능할 때는 부동산처럼 가격변동이 크지 않은 자산을 위주로 대출을 받아 투자하는 것이 꽤 좋은 선택이라는 것입니다. 이 대목에서 아들 녀석이 "캐나다 국민연금이니까 장기 저리로 대출을 받을 수 있는 것 아닌가요?"라는 질문을 던집니다. 맞는 말입니다. 그러나 생각보다 다양한 레버리지 방법이 존재합니다.

레버리지를 고려한 투자 성과는?

일단 가장 쉬운 형태의 레버리지부터 시작해 보겠습니다. 가장 좋은 레버리지는 만기가 없는 무이자 부채입니다. 세상에 이렇게 좋은 게 어디 있나 싶겠지만, 부모님으로부터 받는 증여가 여기에 해당할 것입니다. 태어나서 10세까지 2천만 원, 그 뒤 10년에 2천만 원 그리고 20세 이후부터는 10년마다 8천만 원까지 부모님으로부터 증여를 받을 수 있고, 이에 대한 세금도 내지 않습니다. 이게 왜 부채냐고 질문하는 분들이 있겠지만, 부모님의 사랑은 공짜가 아니기 때문입니다. 낳아주고 길러준 데 이어 돈까지 준 부모님에게 마음의 부채를 느끼는 것은 당연한 일 아닐까요?

금수저는 아니지만 은수저 정도 되는 집안에서 가능한 대안이 겠죠. 이렇게 하면 만 30세에 2억 원을 가지고 투자를 시작할 수 있습니다. 만일 2억 원을 가지고 한 푼도 저축하지 않고, 8장에서 배운 두 번째 투자 3분법을 활용한다면, 51세에 10억 1천만 원에 이르는 자산을 보유할 수 있습니다. 그런데 이런 행운을 누리는 이가 얼마나 되겠습니까?

이제부터는 흙수저 청년이 30세에 취업(혹은 창업)한 후 2억 원을 대출받아서 매년 상환해 나간다고 가정해 보겠습니다. 이 부분에서 벌써 '재테크의 첫 번째 조건은 신용도 높은 직장 입사'라는 것을 느낀 분들이 있을 것 같습니다. 사실입니다. 제가 별정직 공무원 생활을 할 때, 1%대 금리로 1억 5천만 원 한도의 '마이너스 통장'을 개설하면서 이것을 절실하게 느꼈죠. 물론 2010년대 중반 사상 초유의 저금리 국면이 펼쳐진 덕이 크지만, 공무원 신분이 아니

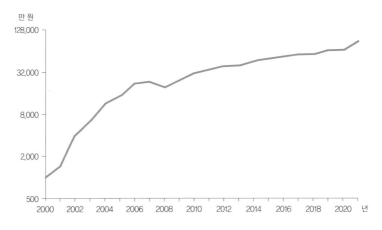

2억 원을 대출받은 후 '탈무드 투자법'으로 적립투자(연 1천만 원)할 때의 순자산가치

만 원

※ 세인트루이스 연방준비은행, 블룸버그, 한국은행, 프리즘 투자자문 작성.

었다면 그렇게 낮은 금리로 대출받기는 힘들었을 것 같습니다(공무원 생활을 마치고 여의도 증권가로 돌아오자 바로 금리가 상승하고, 대출 한도도 줄었습니다).

흙수저 청년이 30세에 2억 원을 대출받아 매년 1천만 원씩 저축해 갚아 나가며, '탈무드 투자법'을 꾸준히 시행했을 때의 시뮬레이션 결과는 위 그림과 같습니다. 만 51세가 되었을 때, 순자산은 9억 1,360만 원이 됩니다. 앞에서 살펴본 은수저 투자자가 부모님으로부터 2억 원을 증여받아서 51세까지 동일한 방법으로 투자했을 때

빚내서 투자하는 것에 대해 어떻게 생각하세요?

199

의 순자산(10억 1천만 원)과 큰 차이가 없죠? 왜냐하면 은수저 투자자는 흙수저 청년과 달리 일절 저축을 하지 않았기 때문입니다.

정액 적립 vs. 증액 적립

여기서 한 발 더 나가 보겠습니다. 매년 1천만 원씩 저축한다고 가정했는데, 이건 비현실적인 가정이죠. 왜냐하면 지난 2000년 시간당 최저임금이 1,600원에서 2021년에는 8,720원으로 무려 4.5배나 높아졌기 때문입니다. 특히 생애에 걸친 소득과 지출의 흐름을 보면, 40대 후반에 저축액이 가장 많은 것으로 나타납니다.[4] 아마도 승진이나 호봉 승급 등으로 소득이 크게 늘어났기 때문일 것입니다.

이런 부분을 감안해, 더욱 현실적인 '증액 적립' 시나리오를 구상해 보았습니다. 시간당 임금의 상승과 근속 연수의 증가에 따른 급여 인상을 감안하여 6년마다 저축액이 2배 늘어난다고 가정하는 것입니다. 즉, 직장생활 초기에는 연애하고 결혼하며 출산까지 진행된다고 가정하여 최소금액인 연 1천만 원만 저축하고, 7년 차부터는 승진이나 부부 맞벌이 혹은 파트타임 일자리를 가지며 저축액이 연 2천만 원으로 늘어나는 것입니다. 그리고 13년 차에는

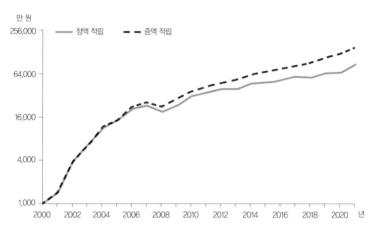

2억 원을 대출받은 후 '탈무드 투자법'으로 정액 및 증액 투자했을 때의 순자산가치

만 원

256,000 ━━ 정액 적립 ━ ━ 증액 적립

64,000

16,000

4,000

1,000

2000 2002 2004 2006 2008 2010 2012 2014 2016 2018 2020 년

※ 세인트루이스 연방준비은행, 블룸버그, 한국은행, 프리즘 투자자문 작성.

관리자 직급으로 승진하며 연차도 쌓이니 저축액을 연 4천만 원으로 늘리는 식이죠.

이상과 같은 시뮬레이션 결과는 다음과 같습니다. 2억 원을 대출받은 후 매년 1천만 원씩 적립투자했을 때의 순자산은 21년 뒤 9억 1,360만 원으로 불어나는 데 비해, 6년마다 저축액을 1천만 원에서 2천만 원, 그 뒤에는 4천만 원 식으로 불려 나갔을 때의 자산은 14억 8,997만 원이 됩니다. 특히 재미있는 부분은 저축액을 계속 늘려나가기 때문에 순자산액은 마이너스를 기록하는 시기 없이 꾸준히

빚내서 투자하는 것에 대해 어떻게 생각하세요? **201**

늘어난다는 것입니다. 결국 지속적으로 새로운 자금을 투입해 저평가된 자산을 매입했기에 가능한 성과가 아니였는지 생각합니다.

레버리지를 한 번 더 하면 어떨까요?

지금까지의 시뮬레이션 결과만 봐도 투자의 의욕이 샘솟지만, 한 가지 더 재미있는 가정을 해보려 합니다. 앞에서 다룬 '증액 적립'에서는 사회초년생일 때 받았던 대출 2억 원을 꾸준히 갚아 나가는 식으로 시뮬레이션했습니다. 그런데 적립투자를 시작한 지 10여년이 넘어가면 이자와 원리금은 모두 상환되었을 것입니다. 특히 이 사례에서 2010년대 중반에는 사상 초유의 저금리 환경이 펼쳐지고, 정부도 대출을 촉진하는 정책을 펼쳤습니다. 가장 대표적인 사례가 2014년에 발표된 '7.24 대책'으로, 전 금융권이 담보인정비율을 70%로 적용했습니다.[5]

특히 순자산이 꾸준히 늘어난 만큼 신용도 개선되었다는 점을 감안해, 2014년 새로운 대출 4억 원을 받았다고 가정해 보겠습니다. 물론 저축은 이전과 동일합니다. 즉, 6년마다 저축액이 2배로 늘어난다고 가정합니다. 특히 은퇴 직전에 8천만 원까지 저축하는 게 포인트입니다. 은퇴가 코앞으로 오니, 정말 저축에 올인하게 되

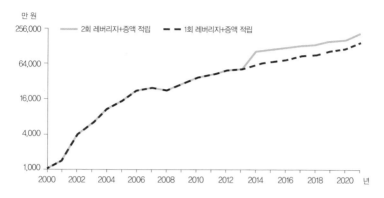

레버리지 횟수에 따른 증액 투자 성과 비교

만 원

256,000 ── 2회 레버리지+증액 적립   ▬ ▬ 1회 레버리지+증액 적립

64,000

16,000

4,000

1,000

2000   2002   2004   2006   2008   2010   2012   2014   2016   2018   2020   년

※ 세인트루이스 연방준비은행, 블룸버그, 한국은행, 프리즘 투자자문 작성

더군요(제 경험담입니다!).

먼저 '1회 레버리지+증액 적립' 투자를 지속하면 순자산은 14억 8,997만 원이 되고, '2회 레버리지+증액 적립' 투자를 했을 때의 순자산은 21억 3,262만 원으로 불어납니다. 물론 이런 성과 차이에는 2015년부터 시작된 미국 부동산 가격의 상승과 저금리 환경이 큰 영향을 미쳤습니다. 만일 시장 환경이 여의치 않았다면, 이렇게까지 큰 성과는 나지 않았을 것입니다.

진짜 흙수저를 위한 투자 전략

이상의 내용을 정리하면, 좋은 직장에 들어가는 게 가장 좋은 투자라는 것을 알 수 있습니다. 부모님이 왜 자식들에게 공부하라고 그렇게 노래를 부르는지 그 이유를 알 수 있죠. 그러나 전체 근로자의 80% 이상이 중소기업 혹은 자영업에 종사하는 환경에서, 취직후 수억 원에 이르는 대출을 받을 수 없는 이들을 위한 투자 전략도 필요합니다.

지금부터 말씀드리는 투자 전략은 2장에서 소개했던 흙수저 청년의 상담 사례입니다.

"박사님, 저는 월수입이 400만 원인데, 한 달 생활비로 50만 원을 쓰고 나머지 350만 원을 저축합니다. 기숙사에 살고 있어서 월세 부담은 없고, 식사는 회사에서 해결하고요. 그런데 직업의 수명이 그렇게 길지 않아, 10년 뒤에는 이 일을 그만두어야 합니다. 저는 어떻게 투자해야 할까요?"

저도 이와 비슷한 고민을 많이 했습니다. 왜냐하면, 체력이 받쳐줄 때는 근로시간을 더 길게 잡아 초과근무수당을 챙길 수 있으나, 나이가 들면 이게 정말 힘들어지기 때문이죠(증권사 애널리스트로

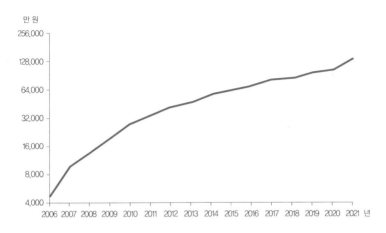

2006년 이후 '탈무드 투자법'으로 적립투자(연 4,200만 원)했을 때의 순자산가치

만 원

256,000

128,000

64,000

32,000

16,000

8,000

4,000

2006 2007 2008 2009 2010 2011 2012 2013 2014 2015 2016 2017 2018 2019 2020 2021 년

※ 세인트루이스 연방준비은행, 블룸버그, 한국은행, 프리즘 투자자문 작성.

일할 때의 경험이 녹아 있습니다).

이제 본격적으로 상담해 보겠습니다. 일단 20대 중반에 일을 시작해, 40세에 은퇴한다는 가정을 해보겠습니다. 매월 350만 원씩 저축하니 연간 4,200만 원이 됩니다. 이런 식으로 16년에 걸쳐 '탈무드 투자법(한국 주식+미국 리츠+미국 국채)'을 꾸준히 시행했다면, 위 그림과 같은 성과를 거둘 수 있습니다. 2006년부터 투자를 시작했다고 가정했을 때, 2021년 말에 13억 6,317만 원이 됩니다.

서울 아파트 매매만 고집하지 않는다면, 넉넉한 삶을 영위할 수 있습니다. 예를 들어, 제 고향 대구나 아내의 고향인 광주에서는 3억 원으로도 역세권 대단지 아파트를 구입할 수 있습니다(저는 녹지 공간이 넉넉하면서 주변에 먹자골목이 위치한 대구 지하철 2호선 두류역 인근이 끌리네요). 이렇게 하면 10억 6천만 원 정도가 남는데, 이걸 기존의 '탈무드 투자법'으로 계속 운용하면서 생활비를 인출하면 됩니다.

특히 4부에서는 생활비를 인출하는 데 적합한 투자 전략을 소개하니, 이를 참고하면 큰 문제 없이 노후를 설계할 수 있으리라고 봅니다. 그리고 국민연금이나 기초연금 그리고 주택연금을 고려하지 않은 것이라는 점도 감안해야 합니다. 이 사례의 주인공이 60세가 되어 주택연금을 받기로 했다면, 대략 월 60만 원의 돈이 꼬박꼬박 지급됩니다.[6] 이 정도면 노후 걱정 없이 살아갈 수 있는 돈이라고 생각합니다.

고금리에 만기가 짧은 대출은 받지 않는 게 좋습니다

흙수저 청년의 사례를 본 분 중에서 "레버리지를 사용하면 성과가 더 좋아지지 않을까요?"라는 의문을 가지는 분들이 있을 겁니다. 저도 레버리지에 관해 고민하지 않은 것은 아니지만, 앞의 사례에서

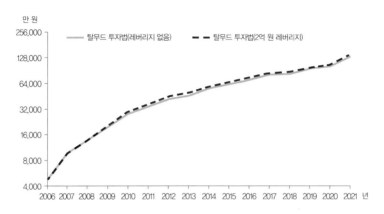

만 원

256,000 ── 탈무드 투자법(레버리지 없음) ─ ─ 탈무드 투자법(2억 원 레버리지)

128,000

64,000

32,000

16,000

8,000

4,000

2006 2007 2008 2009 2010 2011 2012 2013 2014 2015 2016 2017 2018 2019 2020 2021 년

※ 세인트루이스 연방준비은행, 블룸버그, 한국은행, 프리즘 투자자문 작성.

는 저금리로 장기 대출을 받는 게 어렵다는 것이 걸림돌이었습니다.

예를 들어, 보유자산이 2억 원을 돌파했을 때, 담보대출로 2억 원을 받았다고 가정한 사례를 살펴보겠습니다. 그런데 안타깝게도 이 사례에서는 은행이 아니라 증권사나 저축은행 등 제2금융권에서만 대출이 가능합니다.[7] 왜냐하면 금융권에 담보로 제시할 수 있는 게, 현재 보유한 주식(및 펀드)밖에 없기 때문이죠. 따라서 제2금융권은 담보의 가격 변동 위험을 고려하여 금리를 상대적으로 더 높게 책정하며, 상환 기간도 짧게 가져갑니다. 신용대출이라도 받으면 좋을 테지만, 대기업에 다니는 직장인처럼 낮은 금리로 많은 돈을 빌리기는 어려울 것입니다. 따라서 저는 시장 금리보다 매년 2%p에 이르는 가산금리를 부담한다고 가정하여 시뮬레이션했습니다.[8]

한눈에 보기에도 레버리지를 쓴 것이나 그냥 열심히 적립투자한 것이나 큰 차이가 없다는 것을 알 수 있습니다. 2006년부터 투자했다고 가정할 때, 적립투자만 했을 때는 13억 6,317원이 되고, 레버리지를 활용했을 때는 14억 41만 원이 됩니다. 레버리지를 쓰기 위해 여러 서류작업을 하고, 또 위험을 무릅쓴 것을 생각하면 큰 차이라고 보기 어렵죠.

레버리지를 사용했는데도 수익이 발생하지 않은 이유는 무엇일까요? 탈무드 투자법의 수익률이 대출 금리를 밑돈 시기가 종종 있었기 때문입니다. 예를 들어, 2012~2019년에는 투자수익률과 대출 금리가 거의 비슷했다는 것을 금방 알 수 있죠. 따라서 이런 시기에는 레버리지를 활용하는 투자 전략을 사용하지 않는 게 바람직합니다. 특히 2008년이나 2018년처럼, 투자수익률이 마이너스를 기록했던 시기가 대체로 정책금리가 인상되는 가운데 경기가 나빠졌던 구간이라는 것을 잊지 말아야 합니다. 은행이나 증권사 등 금융권의 자금 사정이 좋지 않을 때, 종종 대출을 회수하기 때문이죠. 이런 연유로 레버리지 전략을 사용하기 위해서는 '투자 성과 > 이

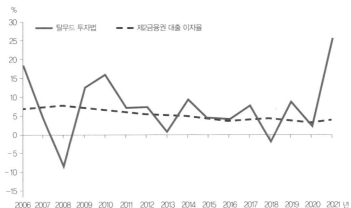

2006년 이후 '탈무드 투자법'의 성과와 제2금융권 이자율 추이

탈무드 투자법 ━━━ 제2금융권 대출 이자율

※ 세인트루이스 연방준비은행, 블룸버그, 한국은행, 프리즘 투자자문 작성.

자율'의 가능성이 큰 전략을 긴 시간 동안 안정적으로 유지한다는 꽤 까다로운 조건이 필요합니다.

● **레버리지 ETF는 어떨까요?**

레버리지 투자 전략을 공부했으니, 마지막으로 레버리지 ETF에 관해 살펴보겠습니다. 가장 대표적인 레버리지 ETF는 TQQQ(나스닥100 지수 3배 레버리지)를 들 수 있습니다. 한국인의 해외주식 매수 리스트에서 3위에 올라 있는 종목이기도 하죠.[9]

레버리지 상품의 투자 위험

(2000.1=100)

1024
512
256
128
64
32
16
8
4
2
1
0.5
0.25
0.125
0.0625

연월일

— SPY   — QQQ   — SPXL   — TQQQ

레버리지라는 이름에서 금방 알 수 있는 것처럼, 대신 대출을 받아 주식 투자를 해주는 상품이라고 할 수 있습니다. 당연히 이자와 수수료가 들긴 하지만, 번잡한 서류작업을 피할 수 있다는 면에서 인기를 끌고 있죠. 특히 2020년 3월의 최저점에서 TQQQ의 주가가 2년도 채 되지 않아 무려 10배나 상승하면서, 투자자들에게는 이른바 '돈 복사기'라는 애칭을 받을 정도로 사랑받고 있습니다.

그런데 한 가지 알아 두어야 할 것은 이 상품이 매일 리셋되는 상품이라는 점입니다. 예를 들어, 어떤 2배 레버리지 ETF의 전일 가격이 100만 원이었는데, 지수가 10% 떨어졌다면 2배 레버리지 ETF는 20%의 손실이 나서 80만 원이 될 것입니다. 둘째 날, 지수는 10%가 올랐습니다. 그럼 지수는 90의 10%가 올라 99가 되고, 2배 레버리지 ETF는 80만 원의 20%가 올라 96만 원이 됩니다. 이틀간의 변동으로 지수는 100에서 99로 '1'만큼 손실이 났는데, 2배 레버리지 ETF는 100만 원에서 96만 원으로 4만 원의 손실이 났죠.

상황이 이러하기에, 주가가 계속 오르면 모르지만, 한 번 내려간다면 회복하기 어려운 상처를 입는 경우가 많습니다. 앞의 그림은 TQQQ와 다른 ETF의 성과를 2000년부터 비교한 것인데, 세로축 한 칸은 2배로 움직인다는 것을 알고 보면 좋습니다. 제일 위 SPY는 미국을 대표하는 주가지수 S&P500을 추종하는 ETF를 의미합니다. 미국 ETF 중 시가총액 1위의 자리를 지키고 있죠. 그다음으로 성과가 괜찮은 QQQ는 나스닥100 지수를 추종하는 ETF로 최근 아주 큰 인기를 끌고 있습니다(TQQQ는 QQQ 3배 레버리지 상품입니다). 세 번째 SPXL은 S&P500에 대한 3배 레버리지 상품입니다.

성과를 비교하면, 우리는 한 가지 인사이트를 얻을 수 있습니다. 레버리지는 하락장에 대단히 취약하며, 한 번 망가진 후에는 아무리 주가가 상승해도 원금을 복원할 수 없다는 것을 말입니다. 참고로 2000년 초에 TQQQ에 100달러를 투자했다면, 2022년 1월 말 남은 투자금은 44달러에 불과합니다. 누차 이야기하자면, 변동성이 큰 데다 조정 시 하락 폭이 큰 자산은 레버리지 투자 대상으로 부적합하다고 볼 수 있겠습니다.

14

저축하는 방법이
궁금합니다

박사님, 저축을 늘리는 게 투자의 성공을 가져온다고 말씀하셨는데,
저축액을 늘리는 방법이 없을까요?

임금이 늘 때마다 소비를 늘리지 않는 게 우선입니다

가장 확실한 투자 방법이 저축이라는 사실을 여러분이 알게 되
어 기쁩니다. 그럼 어떻게 해서 저축액을 늘리면 좋을까요? 이에 대
해 두 가지 팁을 드리고자 합니다.

첫 번째 팁은 임금이 인상된 만큼 저축을 늘리는 것입니다. 제가
2015년 말 국민연금을 그만두고 증권사로 자리를 옮길 때, 연봉이
거의 2배로 늘어났습니다. 국민연금은 공공기관이다 보니 연봉을

여의도 증권가의 시세만큼 주지 못했던 데다, 스카우트 제의를 받고 일터를 옮겼던 터라 증권사에서 제시한 연봉이 컸기에 가능했던 일이었죠. 이때 저는 한 가지 결정을 내렸습니다. 연봉이 2배 올랐다고 소비를 2배 늘리면 아무 효과가 없다고 생각해, 매월 인상된 월급만큼 강제적으로 저축했던 것입니다. 예를 들어, 월 500만 원을 받다가 천만 원을 받게 되었다고 가정할 때, 인상된 500만 원을 새로운 계좌에 매월 적립투자하는 것입니다(이상의 사례는 정확한 금액이 아니고, 이해하기 쉽게 설명하기 위한 예라는 점을 밝혀 둡니다).

임금이 인상될 때 저축을 늘리는 것은 누구나 할 수 있는 일 아니냐고 이야기하는 분들이 있으리라 생각합니다. 물론 연봉이 2배 인상되면 저축이 훨씬 쉬워지는 것은 분명한 사실입니다. 그런데 꼭 연봉이 수십에서 수백 % 인상되지 않더라도 조금이나마 인상된 경우에도 이를 적용할 수 있습니다. 왜냐하면 사람의 소비지출은 기존의 소득 흐름에 맞춰져 있으니, 임금 인상이 아예 없었던 것처럼 소비를 이어 나갈 수 있기 때문이죠. 반대로 소득이 늘지 않았는데, 저축을 늘리는 것은 매우 힘든 일입니다. 기존에 있었던 다양한 지출 품목을 구조조정하지 않는 한, 저축을 늘리기는 어렵기 때문이죠. 또 이 과정에서 일상이 불행해지고 일에 대한 의욕까지 잃는다면 이는 더 큰 문제를 초래할 수 있습니다.

따라서 호봉 승급, 직급 승진 그리고 기업의 전체적인 임금 인상이 나타나는 시기를 여러분이 놓치지 않았으면 하는 마음입니다. 물론, 연봉이 올랐으니 그동안 주변 사람들에게 신세 진 것을 갚고 싶은 마음은 이해합니다. 다만, 주변에 감사의 마음을 표현하는 방식을 꼭 돈으로 해야 하는지는 의문입니다. 돈으로 신세를 갚는 게 편리하지만, 열심히 저축해야 하는 시기에 그렇게 돈을 쓴다면 상대방도 불편해질 수 있으니까 말입니다. 따라서 지인의 경조사에 더 신경을 쓰거나, 특히 부모님의 경우에는 함께 보내는 시간을 늘리는 대안이 있지 않을까 합니다.

준거집단을 바꾸는 것도 방법입니다

소득 증가분을 저축으로 돌리는 것 이외에, 자신의 준거집단을 바꾸는 것도 저축에 도움이 됩니다. 여기서 준거집단이란, 어떤 이가 행동하고 판단할 때 기준을 제공해 주는 사람들을 의미합니다. 제가 예전에 전문직 여성분의 재테크 상담을 도와드린 적이 있는데, 그분은 높은 소득에도 불구하고 재무상태가 극히 악화되어 많은 부채에 시달리고 있었습니다.

대체 왜 이런 일이 생겼는지 살펴보니, 준거집단이 문제였습니다. 부잣집에서 태어난 데다 소득도 높은 지인들의 소비를 그대로 따라 하고 있었던 것입니다. 그래서 그분에게 "준거집단을 바꾸세요!"라고 말씀드렸습니다. 전문직에 종사하니 다른 이들보다 소득이 높고 또 앞으로도 상당 기간 전망이 밝을 입장이니, 소비와 투자의 기조만 바꾸면 금방 문제가 해결될 수 있다는 이야기였습니다. 대신 부자들의 소비 패턴에 자주 노출될수록 스트레스를 받을 수밖에 없으니, 되도록 주변 환경을 바꾸는 것을 추천했죠. 예를 들어, 재테크 관련 독서 모임에 꾸준히 참여하면서, 다른 이들이 얼마나 열심히 저축하며 열정적으로 사는지 몸소 느끼는 것입니다.

물론 소비 습관의 중요성에 관해 인식할 수 있는 책, 예를 들어, 《사채꾼 우시지마》(2014, 대원씨아이)를 읽어보는 것도 한 방법입니다. 저는 이 만화책을 읽으면서 소비 습관과 준거집단이 얼마나 중요한지 절절하게 느꼈거든요. 명품가방과 귀금속 등 누구나 가지고 싶어하는 물건을 구입하다가 결국 사채의 덫에 갇혀버린 일본 여성들의 인생이 어떤 식으로 망가지는지 보노라면, 그 누구도 빚을 내서 소비하지 않게 되리라 생각합니다.

4부
50대를 위한 투자법: 투자 4분법

3부에서 소개한 '탈무드 투자법'도 참 좋지만, 한 가지 약점이 있습니다. 인플레이션이 발생해 금리가 오르고 경기도 나빠질 때, 부동산이나 주식, 채권 시장 모두 힘든 시기를 보낼 수 있다는 것입니다. 특히 연금 생활자들은 인플레이션이 발생할 때 실질적인 소득의 감소로 고통을 겪을 수 있죠. 인플레이션이 발생할 때, 가장 큰 곤경에 처하는 이들이 연금 생활자입니다. 물가는 오르는 반면, 실질적인 소득이 줄어들기 때문에 행복한 노후 설계는 물 건너갈 수 있습니다.

4부는 이 문제에 대한 해답을 드립니다. '투자 4분법' 혹은 'K—올웨더K-All Weather'라고 불릴 전략이 그것입니다. 탈무드 투자법이 미국 리츠와 한국 주식 그리고 미국 국채에 투자하는 것인데, 투자 4분법은 여기에 '금'을 추가합니다. 즉, 금과 미국 리츠, 한국 주식, 미국 국채에 각각 자산의 1/4을 투자하는 전략입니다. 이렇게 하면, 인플레이션의 위험이 커지더라도 안정적인 투자 성과를 기대할 수 있습니다.

15

물가가 급등하면
어떻게 투자해야 할까요?

탈무드 투자법은 여러모로 매력적인 것 같아요. 그런데 박사님, 요
즘처럼 인플레이션이 심할 때는 투자 성과가 나빠질까 두렵습니다.

탈무드 투자법과 투자 3분법,

인플레이션 국면에 수익 창출은 어렵습니다

좋은 질문이라고 생각합니다. 국민연금 등 극히 일부 상품을 제
외하면 물가 상승률에 연동되는 상품은 거의 존재하지 않습니다.
다시 말해, 2022년 기준으로 노후에 받을 월 국민연금이 200만 원
이라면 이 돈은 인플레이션만큼 꾸준히 인상됩니다. 그러나 다른
상품은 인플레이션의 영향을 받을 수밖에 없습니다.

가장 대표적인 예가 교육보험입니다. 1992년 신문 기사를 보면 18년 동안 총 1,095만 원의 교육보험을 납입한 후에 받는 학자금이 단 1,596만 원이었습니다.[1] 제가 왜 '단'이라는 표현을 썼느냐 하면, 당시 이자율이 14~17% 수준이었기 때문입니다. 이렇게 이자율이 높았던 이유는 강력한 인플레이션에서 그 원인을 찾을 수 있죠. 1991년 9.3%에 이어 1992년 6.2% 그리고 1993년 4.8%로 진정되나 했는데, 1994년 다시 6.3%를 기록하는 등 지금 같으면 상상하기 어려운 고물가 국면이 이어졌습니다.

결국 교육비 물가가 가파르게 오르는데, 수익률이 기대에 미치지 못하니 교육보험에 대한 인기가 떨어질 수밖에 없었죠. 이처럼, 물가는 시장경제를 살아가는 모든 이에게 큰 영향을 미칩니다. 이제 앞에서 추천한 두 가지의 적립투자 전략(투자 3분법과 탈무드 투자법)이 인플레이션에 얼마나 저항력을 가지고 있는지를 살펴보겠습니다.

다음 그림은 두 가지 전략에 따라 2000년 100만 원을 투자했을 때의 실질적인 성과를 보여줍니다. 실질 성과란, 물가의 변화를 고려한 자산 가격의 변화를 측정한 것입니다. 투자 3분법으로 2000년 100만 원을 투자했다면 2021년 234만 원이 되고, 탈무드 투자법은 같은 기간 312만 원이 됩니다. 연 환산 복리 수익률로 보면, 투자 3분법은 3.41%이고, 탈무드 투자법은 4.78%에 이릅니다. 둘 다 아주 좋은 전략이지만, 저는 탈무드 투자법에 가산점을 주고 싶습니

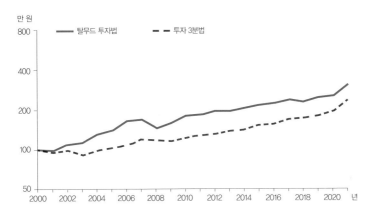
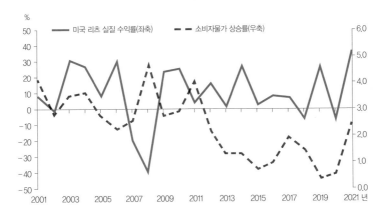

2000년 이후 미국 리츠의 실질 수익률과 소비자물가 상승률의 관계

※ 세인트루이스 연방준비은행, 블룸버그, 한국은행, 통계청, 프리즘 투자자문 작성.

물가가 급등하면 어떻게 투자해야 할까요?

다. 투자 3분법에는 2000년대에 실질 수익률 마이너스 국면(2001, 2003, 2008, 2009년)이 집중적으로 출현했기 때문입니다. 반면 탈무드 투자법은 대략 5년에 한 번 마이너스 실질 성과를 낸 것은 동일하나, 그 분포가 흩어졌다는 점에서 차이가 있습니다(2001, 2007, 2013, 2018년).

성과에 차이가 생기는 이유는 인플레이션의 압력이 높아질 때 투자 3분법이 약점을 드러내는 데 있습니다. 주식과 채권 모두 인플레이션의 압력이 높아지는 시기에 부진하기 때문입니다. 반면 탈무드 투자법은 상대적으로 인플레이션 압력에 대한 저항력이 강한 편인데, 이는 리츠가 인플레이션에 큰 악영향을 받지 않기 때문입니다. 주택의 가격은 금리가 인상될 때 약세를 보이지만, 임대료가 인상되기에 리츠 가격은 상대적으로 안정적인 모습을 보입니다.

인플레이션이 발생하면 채권가격이 왜 하락할까요?

인플레이션이 발생할 때 주식이나 채권가격이 떨어지는 이유를 살펴보겠습니다. 예를 들어, 정부가 작년에 발행한 채권의 가격이 100원이고, 매년 주는 이자가 5원이라고 가정하겠습니다. 그런데 갑자기 인플레이션이 발생해 소비자물가가 10%까지 상승한다면 어떻게 될까요? 정부가 올해 발행하는 채권은 작년보다 더 높은 금리, 예컨대 10%(액면가 100원에 매년 10원의 이자)를 제공해야 소화될 것입니다. 인플레이션에도 미치지 못하는 금리를 제공하는데, 이 채권을 살 이유가 없기 때문이죠.

1년 새에 금리가 5%에서 10%로 올랐으니, 작년에 발행된 국채의 인기는 땅으로 떨어질 것입니다. 채권시장 참가자들은 이를 듀레이션duration이라는 개념으로 설명하는데, 금리 1% 변화에 따른 채권가격의 하락률을 측정한 것입니다. 어떤 채권의 듀레이션이 7이라면, 금리가 1% 상승할 때 채권가격이 7% 떨어진다고 볼 수 있죠. 보통 만기가 긴 채권은 듀레이션이 크고, 만기가 짧은 채권일수록 듀레이션이 작습니다. 물론 듀레이션이 긴 채권일수록 금리가 조금만 움직여도 가격이 급등락하니, 위험한 채권이라고 볼 수 있고 따라서 더 높은 금리를 주는 경우가 빈번합니다. 2022년에 발생한 금리 상승에서 만기가 긴 채권에 투자하는 상품, 이를테면 TLT의 성과가 크게 부진했던 것이 긴 듀레이션 때문이라고 볼 수 있죠.[2]

끝으로 인플레이션이 발생할 때 주식가격이 떨어지는 이유에 대해 궁금한 분들은 6장에 상세하게 설명했으니, 복습하면 좋을 것 같습니다.

인플레이션 국면이 닥쳐도 돈을 벌어주는 자산은 없을까?

인플레이션의 위험이 커질 때 두각을 나타내는 자산을 찾는다면, 금^{gold}이 좋은 투자 대상입니다. 인플레이션 국면에 금이 선호되는 이유는 여러 가지가 있지만, 가장 핵심적인 포인트는 '채굴의 어려움'입니다. 예를 들어, 2020년 코로나19 팬데믹 때 각국 중앙은행은 어마어마한 돈을 풀었습니다. 이 결과 인플레이션 압력이 높아질 것이라는 기대가 커졌죠. 중요한 것은 이후로 인플레이션이 나타났느냐가 아닙니다. 공급이 제약되며 앞으로 실질적인 가치가 유지될 것이라는 상품에 대해 투자자들이 관심을 가지게 된 것이 중요하죠. 아마 다음과 같은 대화가 투자자들 사이에서 오가지 않았을까요?

투자자 A: 미국 연방준비은행과 유럽중앙은행이 돈을 저렇게 많이 푸니, 앞으로 인플레이션이 나타나겠죠?

투자자 B: 인플레이션 발생 여부는 중요하지 않습니다. 인플레이션을 예상하는 이들이 늘어날 때, 어떤 자산이 유망한지를 판단해야 합니다.

투자자 A: 과거 어떤 자산이 인플레이션 국면에 값이 올랐죠?

투자자 B: 원유와 금이 가장 좋은 투자 대상이었어요. 특히 1970년대에 그랬죠.

그런데, 원유는 개인 투자자에게 적합하지 않기에 여기에서는 금에 관해 집중적으로 이야기하겠습니다.[3] 물론 금에 올인하는 것은 대단히 위험한 투자가 될 수 있기에, '탈무드 투자법'을 조금 수정한, '투자 4분법' 전략을 소개할까 합니다. '투자 4분법'이란, 미국 국채, 한국 주식, 미국 리츠 그리고 금에 1/4씩 투자하는 전략이 되겠습니다. 탈무드 투자법과 투자 4분법의 성과를 비교하면 다음과 같습니다. 2000년에 100만 원을 투자했을 때, 탈무드 투자법으로 투자했다면 실질 가치는 312만 원이 되지만, 투자 4분법을 운용했을 때는 350만 원이 됩니다. 연 환산 복리 수익률로 보면, 탈무드 투자법은 4.78%에 그치는 반면 투자 4분법은 5.70%에 이릅니다. 특히 수익률의 표준편차도 탈무드 투자법이 6.55%이지만, 투자 4분법은 5.70%에 불과합니다.

이상의 성과만 보면, 투자 4분법이 우위에 서 있는 것 같습니다. 그런데, 한 가지 문제가 있습니다. 그것은 바로 성과의 지속성이죠. 지금은 2000년부터의 성과만 살펴보았는데, 1980년대 이후 금의 장기 성과를 살펴보면 대단히 부진한 것을 금방 발견할 수 있습니다. 왜냐하면 1980년대에는 각국 중앙은행이 고금리 정책을 펼쳐 인플레이션 기대를 무너뜨리기 위해 노력했고, 이 과정에서 금

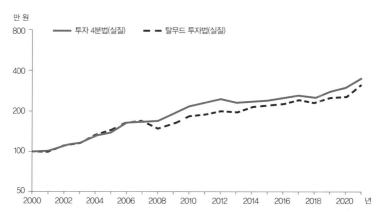

2000년 100만 원을 투자한 이후 탈무드 투자법과 투자 4분법의 실질 성과 비교

만 원

투자 4분법(실질) ━━ 탈무드 투자법(실질) ━ ━

800

400

200

100

50

2000 2002 2004 2006 2008 2010 2012 2014 2016 2018 2020 년

※ 세인트루이스 연방준비은행, 블룸버그, 한국은행, 통계청, 프리즘 투자자문 작성.

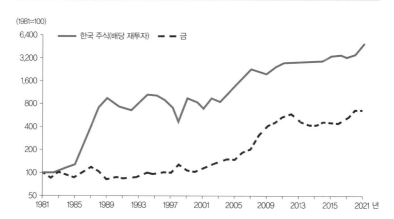

1981년 이후 한국 주식과 금의 성과

(1981=100)

한국 주식(배당 재투자) ━━ 금 ━ ━

6,400

3,200

1,600

800

400

200

100

50

1981 1985 1989 1993 1997 2001 2005 2009 2013 2015 2021 년

※ 블룸버그, 한국은행, 프리즘 투자자문 작성.

값이 폭락했기 때문입니다. 금은 일체의 이자를 주지 않는 반면, 정부가 발행한 화폐는 은행에 예금이 가능하고 높은 이자를 주죠. 따라서 금리 수준이 높아질 때는 금에 대한 투자의 열기가 낮아지곤 합니다.

따라서 저는 투자 4분법 전략을 1~3부에서는 소개하지 않았습니다. 그러나 50대 이상의 투자자들을 위한 전략, 특히 연금의 인출을 고려한다면, 인플레이션에 대한 방어력을 가진 리츠와 금에 대한 투자 비중을 높이는 게 필요하다고 봅니다.

● **상품 투자가 위험한 이유는?**

원유를 비롯한 원자재 투자가 왜 위험한지에 관해, 짐 로저스Jim Rogers의《상품시장에 투자하라》(2005, 굿모닝북스)에 소개된 납 광산 개발 업자의 상황을 통해 살펴보겠습니다.[4]

납 광산을 개발하려는 사업가가 있다고 가정해 봅시다. 그는 지난 25년간 새로 생산을 시작한 납 광산이 세계적으로 단 한 곳에 불과하며, 중국과 인도 경제의 고성장으로 납에 대한 수요가 날로 증가하고 있다는 것을 잘 알고는, 납 광산 개발이 수지타산에 맞다고 생각한 것이죠.

납 매장량이 많은 곳을 발굴해 광산을 개발하면 되지만, 납 광산 개발에는 많은 문제가 따릅니다. 먼저 월가를 비롯한 전 세계의 투자은행들은 납 가격이 장기간 하락한 것을 지켜보았기에, 납 광산 개발 프로젝트에 대해 회의적일 것입니다. 또한 환경단체와 정부는 납 광산의 개발에 많은 규제를 가할지도 모르고요.

우여곡절 끝에 납 광산이 개발되더라도, 원석을 납으로 정련하는 납 제련소의 건설이 필요합니다. 납 제련소는 대기 중에 독성이 함유된 연기를 내뿜기에, 그는 광산 인근지역을 뒤져서 납 제련소라도 유치해 고용을 늘려 보려는 낙후된 지역을 찾아내야 합니다. 이런 과정을 거치려면 아마 짧게는 수년 혹은 십수 년의 세월이 필요할 것이고, 예산보다 더 많은 자금이 투입되어야 할 것입니다.

다행히 이런 노력의 결과가 보상받아 납 가격이 상승하기 시작하면, 개발자는 큰돈을 벌 수 있습니다. 그러나 일확천금을 좇아 다른 사업가들이 납 광산을 개발하기 시작하고, 엎친 데 덮친 격으로 경제위기가 발생해 납에 대한 수요가 일거에 얼어붙으면 어떻게 될까요?

한 번 균형점에서 이탈하는 순간, 납 가격은 바닥을 모르는 추락 국면에 접어들게 될 것입니다. 십수 년에 걸쳐 수백만 달러(혹은 수천만 달러)의 자금과 노력을 기울여 납 광산을 개발한 만큼, 납 가격이 10~20% 하락한다고 해서 납 생산을 중단할 수 없습니다. 이미 큰 비용이 투입되었기 때문에 인건비라도 건질 수 있는 수준이라면, 가격을 무시하고 생산을 계속할 것입니다.

이런 까닭에 납 시장의 균형 회복에 많은 시간이 걸립니다. 채산성이 떨어지는 납 광산이 문을 닫거나 납 축전지업체들이 보유한 납 재고가 모두 떨어질 때까지 가격 인하 경쟁은 계속될 것이기 때문입니다. 물론, 수많은 납 광산이 문을 닫은 후 경기 회복이 시작되면, 이제 새로운 가격의 급등 사이클이 시작되겠죠.

노후 자금의 인출은
어떻게 해야 할까요?

투자 4분법이라니, 정말 한국형 '올웨더' 전략이라는 생각이 듭니다. 그럼 박사님, 자금의 인출은 어떤 식으로 해야 하나요?

연금 인출 시뮬레이션: 탈무드 투자법 vs. 투자 4분법

개인연금이나 퇴직연금 그리고 ISA 계좌를 활용해 노후 자금을 쌓은 후 55세부터 인출하는 경우를 생각해 보겠습니다. 물론 자산 규모가 커서 은행에 넣고 이자만 받을 수 있으면 좋겠지만, 이 정도의 자산을 가진 이는 성인 인구의 1%에도 미치지 못합니다. KB 경영연구소에 따르면, 금융자산을 10억 원 이상 보유한 이가 2020년 말 기준으로 단 39만 명에 불과합니다.[1] 따라서 대다수는 근로활동을 멈춘 다음에도 투자를 지속하면서 생활비를 인출해야 합니다.

그런데 고민할 게 하나 더 있습니다. 그것은 자금을 모두 쓰고 죽을 것인지, 아니면 자녀에게 최대한 물려줄 것인지를 고민해야 합니다. 참고로 한국 사람의 월평균 국민연금 수령액은 60만 원에도 미치지 못하며, 간신히 최저생계비에 턱걸이하는 수준입니다.[2] 따라서 보유한 자산을 최대한 다 쓰고 죽음을 맞이하는 게 대부분 사람들의 현실이라고 생각해, 현재 55세 남성이 83세까지 생존하는 것으로 가정했습니다.[3]

이제 5억 원의 자산을 가지고 55세에 은퇴하여 '탈무드 투자법'과 '투자 4분법'으로 운용하며 연 3,850만 원을 인출하려는 경우를 생각해 보겠습니다. 연 3,850만 원을 인출한다고 가정한 것은 한국의 60세 이상 가정의 중앙값 수입(연 2,950만 원)보다 30% 이상 더 지출하는 넉넉한 노후를 가정했기 때문입니다.[4] 그리고 최근 인플레이션의 압력이 높아지는 것을 고려해 연 3%의 인플레이션이 28년간 지속된다고 가정했습니다. 예를 들어, 2021년의 3,850만 원은 2049년 5,944만 원의 가치를 가지는 것으로 볼 수 있습니다. 참고로 65세가 되는 2031년부터는 국민 평균 수준(약 60만 원)의 국민연금을 받는 것으로 가정해 계산했습니다.

이상의 시뮬레이션 결과는 다음 그림과 같은데, 탈무드 투자법으로 운용하면서 인출하면 83세(2049년)에 적립금이 고갈되는 것

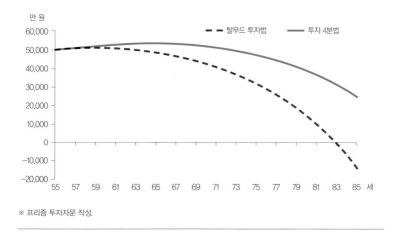

55세 은퇴하며 연 3,850만 원 인출 시 투자 전략별 자산 변화(인플레이션 반영)

으로 나타납니다. 아마 사망 전에 인출금액이 줄어들었을 것이기에, 장례 비용은 물론 가족들에게 약간의 유산을 남길 수 있었으리라고 봅니다. 투자 4분법으로 운용하면 2049년 3억 1,165만 원의 유산을 남길 수 있습니다. 물론 이는 시뮬레이션 결과에 불과하기에 완전히 신뢰할 수는 없으며, 이런 가정에서는 이 정도의 돈을 인출해도 괜찮구나, 하는 정도로 이해하시는 게 좋습니다.

유산 상속 시뮬레이션: 탈무드 투자법 vs. 투자 4분법

예전에 "다 쓰고 죽어라"라는 주장을 펼치는 책을 읽었던 기억이 납니다. 그 책이 주장하는 바는 간단합니다. 내가 행복한 노후를 보내고 또 가족들에게 부담을 주지 않는 게 진정한 유산 아니냐는 것이죠. 저도 상당 부분 공감합니다만, 이 주장에는 두 가지 흠결이 있는 것 같습니다.

첫 번째 흠결은 '생각보다 오래 살 위험'입니다. 한국의 기대수명 통계를 살펴보면, 1970년 남성은 58.7세, 여성은 65.8세에 불과했습니다.[5] 그러나 2020년 남성과 여성의 기대수명은 각각 80.5세와 86.5세로, 50년 만에 20년 이상 늘어났습니다. 그러나 기대수명에서 질병이나 사고로 신체가 원활하게 활동하지 못하는 기간을 뺀, 이른바 건강수명은 66.3년에 불과합니다.[6] 따라서 '다 쓰고 죽기'라는 목표를 확실하게 달성하기 위해서라도, 약간이나마 돈을 저축해두는 게 좋은 선택일 것 같습니다.

두 번째 흠결은 사랑하는 사람이 이른바 '초년고생'을 겪는 것을 피하도록 도와주고 싶은 마음을 버릴 수 있느냐는 것입니다. 물론 돈 문제에서만큼은 냉정한 사람들이 종종 존재하긴 합니다만, 대다수는 그러지 못하죠. 이건 저 역시 마찬가지입니다. 1987년 서울로 올라와서 30년 넘게 사는 동안 이사를 얼마나 다녔는지 계산하기도 힘들 정도입니다. 삼양동의 산동네부터 수색동 빌라의 반지하까지, 새검정에서는 물이 새는 옥탑방에서 곰팡이와 전쟁을 벌였던 기억이 아직도 선명합니다. 이런 경험 덕분에 "젊어서 고생은 사서도 한다"는 격언을 제일 싫어합니다. 가난은 육체적인 고통을 주는 것에 그치지 않고 정신적 트라우마도 남길 수 있기 때문입니다. 따라서, 사랑하는 이들이 사회생활을 시작할 때 도움을 주는 것을 가정한 노후 설계가 필요하리라고 봅니다

앞의 가정을 약간 수정해, 5억 원의 자산을 보유한 이가 55세에 은퇴하며 국민연금을 수령하는 65세에 자녀(혹은 조카 등)에게 2억 원을 증여하는 사례를 살펴보겠습니다. 성인 자녀의 경우 5천만 원까지는 비과세이니 1억 5천만 원이 과세 표준이 되며, 1억 원까지는 10%, 2~5억 원은 20%의 세율이 부과되니 2억 원 증여에 따른 세금 부담은 크지 않습니다.[7] 따라서 65세 국민연금 수령 시기에 2억 원이라는 증여 가정은 아주 비현실적인 것 같지는 않습니다. 대신 앞의 경우와 달리 연 3,850만 원이 아니라, 3,200만 원을 인출하는 것으로 조건을 바꿉니다. 왜냐하면 65세에 자산의 약 40%를 증여해 주니, 같은 금액을 인출하면 금방 고갈될 게 뻔하기 때문입니다. 따라서 연 3,200만 원을 인출하는 것으로 가정해 시뮬레이션해 보겠습니다.

다음 그림이 보여주듯, 탈무드 투자법으로 운용하면서 생활비를

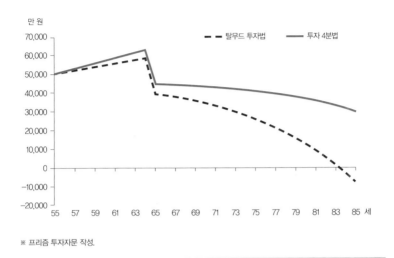

만 원

탈무드 투자법   투자 4분법

※ 프리즘 투자자문 작성.

인출하면 83세에 780만 원의 자금이 남게 됩니다. 물론 나이가 들수록 지출을 점점 줄이는 경향이 있으니, 아마 더 많은 돈이 남아 있을지도 모릅니다. 탈무드 투자법 대신 투자 4분법으로 운용하면 83세에 약 3억 2,972만 원의 유산을 남길 수 있습니다. 수익률 차이가 미미한 것 같아도 장기간 투자하면, 그 격차가 커지는 현상을 여기서도 발견할 수 있죠.

부모님이 가난하면 자녀도 힘듭니다

요즘 인터넷에서 인기리에 공유되는 금·은·동수저 그리고 흙수저에 대한 정의가 재미있습니다. 먼저 흙수저는 자녀가 부모님을 봉양해야 하는 상황으로, 저도 흙수저 출신입니다. 1993년 취직한 다음, 부모님의 생활비와 병원비 그리고 요양보호 관련 비용을 지출 중이니 말입니다. 지금이야 웃으면서 이야기하지만, 힘든 시절이 참 많았고 또 아내에게 미안했습니다.

다음으로 동수저는 부모님이 물려주는 재산은 없지만, 부모님을 봉양하지 않아도 되는 집안의 자제입니다. 즉, 부모님의 자산으로 충분히 부모님의 노후가 대비되어 있지만, 자녀가 결혼이나 이사 과정에서 부모님의 도움을 받을 수 없는 경우라고 하겠습니다. 16장의 첫 번째 시뮬레이션에 해당하는 가정들입니다. 그런데, 사실 이 정도만 해도 흙수저에 비해 좋은 환경이라 하겠습니다.

은수저는 16장의 두 번째 시뮬레이션에 해당하는 가정으로, 부모님이 자녀의 결혼이나 이사에 상당한 종잣돈을 지원해 주는 경우입니다. 이 레벨이면 한국에서 상위 10%에 속한다고 볼 수 있습니다. 참고로 9억 731만 원이 상위 10%의 순자산 커트라인으로, 재테크에 밝지 않은 사람들이라면 이 정도 자산은 있어야 자녀에게 세금을 낼 각오를 하고 자산을 증여해 줄 수 있습니다.

마지막은 금수저로, 부모가 자녀 결혼 시에 아파트 한 채를 사줄 수 있는 정도의 재력을 가져야 합니다. 대략 상위 1% 가정이 아닐까 싶은데, 29억 2,010만 원이 순자산의 커트라인입니다. 굉장히 높은 허들이죠. 그러나 인터넷 세계에서는 죄다 금수저 이야기만 나오는 게 현실이기도 합니다. 아무튼 이 정도의 재력을 가진 이들은 자녀에게 미리 증여하고 적절한 가이드를 제시함으로써 자녀가 다른 사람들보다 훨씬 수월한 출발점에 설 수 있게 만들 가능성이 큽니다.

제가 이 책을 쓴 이유가 이제 다 나왔네요. 흙수저가 30년 넘게 악전고투하면서 체득한 투자의 지혜를 제 아들은 물론 여러분 모두에게 전달하고 싶었기 때문입니다. 그리고 꼭 큰돈이 있어야만 노후 설계가 가능한 것이 아니니, 자녀들이 부모님께 노후 재테크 방법을 설명해 드리는 것도 가족의 행복감을 높이는 데 기여하리라고 생각합니다.

● 한국 상위 1% 부자의 커트라인은?

NH투자증권의 100세 시대 연구소에서 발간한 흥미로운 자료 "2022 대한민국 상위 1% 보고서"는 한국은행과 금융감독원 그리고 통계청이 매년 발표하는 "가계금융 복지조사"의 원 데이터를 가공해 한국 상위 1% 가계의 상황을 잘 보여줍니다. 먼저 한국의 상위 1% 가계의 세대주 연령 분포를 살펴보면, 70대 이상이 28%에 이르며, 60대가 35%를 차지합니다. 즉, 1970년대와 1980년대의 자산가격 급등기에 동참한 노년층이 한국의 부자를 구성하고 있는 것을 알 수 있습니다.

다음은 부자로 간주되기 위한 커트라인에 대해 살펴보겠습니다. 먼저 상위 10% 가계 커트라인은 순자산 기준으로 9억 원이며, 5% 커트라인은 13억 원, 1% 커트라인은 29억 원, 마지막으로 상위 0.1% 커트라인은 77억 원으로 나타납니다. 2020년에 비해 2021년 커트라인이 크게 상승했는데, 주식과 부동산 시장의 동반 강세 때문인 것으로 보입니다. 반대로 2022년에는 아마도 이 커트라인이 내려갈 수도 있지 않을까 생각합니다.

마지막으로 상위 1% 가계의 평균 순자산은 46억 원을 보유하고 있으며, 부채는 4억 7천만 원으로 부채 비율은 단 9.2%에 불과한 것으로 나타났습니다. 자산의 구성을 살펴보면, 금융자산의 비중이 17.8%에 불과해 한국 대부분의 가계와 비슷한 것으로 나타났습니다. 한국은 잘사는 가계, 못사는 가계 할 것 없이 80% 전후의 자산을 부동산에 올인하는데, 이게 1% 가계에서도 다시 확인되었습니다.

순자산 상위 커트라인

구분		2020년	2021년	상승금액	상승률
순자산 상위 가구 백분위	0.1%	73억 1,140만 원	76억 8,000만 원	3억 6,860만 원	5.0%
	0.5%	34억 3,480만 원	38억 7,800만 원	4억 4,320만 원	12.9%
	1%	26억 1,000만 원	29억 2,010만 원	3억 1,010만 원	11.9%
	5%	11억 5,100만 원	13억 3,510만 원	1억 8,410만 원	16.0%
	10%	7억 8,510만 원	9억 731만 원	1억 2,221만 원	15.6%

투자를 공부하는 방법에는
어떤 게 있을까요?

박사님, 흙수저로 출발해 자산을 일구신 것, 대단한 것 같아요. 적립투자부터 시작하려고 하는데, 투자 공부를 체계적으로 할 방법도 알려주세요.

금융의 역사를 다룬 책이 제일 좋습니다

유튜브에 좋은 채널이 참 많지만, 투입한 시간 대비 효율 측면에서 볼 때는, 책을 읽는 게 가장 도움 되는 것 같습니다. 여러 주제를 다룬 책 중에서도 금융의 역사를 다룬 것부터 시작하기를 추천합니다.

여러 권의 책이 떠오르는데, 난이도 순서로 소개해 보면 가장 먼저 피터 린치^{Peter Lynch}의 책 《피터 린치의 투자 이야기》(2021, 흐름출

판)를 들 수 있습니다. 이 책의 저자, 피터 린치는 마젤란 펀드를 운용한 전설적인 펀드매니저로 은퇴한 이후에는 투자자들의 교육에 여생을 바치고 있죠. 피터 린치는 이 책을 통해 미국 주식시장의 역사를 개관하고, 또 좋은 기업을 고르는 방법에 대해 자상하게 설명해 줍니다.

이 책 다음으로 읽으면 좋은 책은 뱅가드 펀드의 창시자, 존 보글^{John Bogle}의 《모든 주식을 소유하라》(2019, 비즈니스맵)입니다. 피터 린치의 책을 읽고 투자에 대한 자신감이 붙은 분들에게 일침을 가하는 내용이기 때문입니다. 내로라하는 펀드매니저들이 코스피 혹은 S&P500 같은 주가지수를 이기지 못하는 이유를 상세하게 설명하며, 개별 종목에 집중하기보다 인덱스 펀드에 관심을 기울이라는 대가의 지적은 귀를 기울일 가치가 있다고 생각합니다.

두 권의 책을 읽은 후에는 제가 쓴 책 《50대 사건으로 보는 돈의 역사》(2019, 로크미디어)를 보는 것을 추천합니다. 화폐가 무엇인지, 대공황을 일으킨 고정환율제도가 어떤 것인지 이해하다 보면, 자연스럽게 2008년 글로벌 금융위기의 원인으로 눈을 돌리게 될 것입니다. 금융위기가 벌어진 이유와 그 대처 과정에 시장경제 200년의 역사가 모두 녹아 있다는 것만 알아도 이 책을 읽은 값어치는 충분히 하리라고 생각합니다.

여기에 한 권 더 추가하자면, 제러미 시겔^{Jeremy J. Siegel}의 《주식에 장기투자하라》(2015, 이레미디어)를 꼽고 싶습니다. 1870년대부터 약 150년에 걸친 주식, 채권, 외환의 역사를 설명하기 때문입니다. 주식과 채권의 장기적인 성과는 어떠했는지, 나아가 얼마나 오랫동안 투자를 해야 투자의 승률이 올라가는지 등에 대해 상세히 다룬 책입니다. 번역도 깔끔하니, 투자 공부에 관심이 많은 분이라면 한번 도전해 보기를 바랍니다.

가치투자에 관한 책이 좋습니다

금융 역사에 관한 한두 권 정도의 책을 읽은 분이라면 이제 세계에서 다섯 손가락 안에 드는 부자, 워런 버핏의 투자 철학에 도전해 볼 만합니다. 《워런 버핏의 주주 서한》(2022, 에프엔미디어)은 버크셔 해서웨이 주주총회에서 발표한 내용을 주제별로 모은 책입니다. 굉장히 실전적인 내용을 다루고 있는 데다, 워런 버핏의 투자 철학이 곳곳에 녹아 있기에 읽어 보기를 강력 추천합니다.

워런 버핏의 전략을 읽은 분들에게 추천할 다음 책은 조엘 그린블라트[Joel Greenblatt]의 《주식시장을 이기는 작은 책》(2021, 알키)입니다. 조엘 그린블라트는 워런 버핏의 가치투자 전략, 즉 매력적인 회사가 저렴한 가격에 거래될 때 매입하는 전략을 어떻게 실전에 활용할 수 있을지를 공부했습니다. 그 결과 '마법공식'이 탄생했죠. 즉, 매출액 대비 이익률이 높은 우량기업의 주가가 불황 혹은 스캔들 등으로 저평가되는 시기에 매수할 수 있는 간단한 지표를 작성한 것입니다. 물론 이 책을 읽는다고 해서 가치투자에 성공하는 것은 아닙니다만, 더욱 쉽게 투자할 잣대를 얻을 수 있다는 장점은 무시할 수 없죠.

마지막 가치투자 책은 존 템플턴 경$^{Sir John Templeton}$의《존 템플턴의 가치투자전략》(2009, 비즈니스북스)입니다. 템플턴 경은 워런 버핏과 비견되는 역사상 최고의 펀드매니저로, 특히 1960년대 일본 그리고 1990년대 한국에 투자함으로써 거대한 성과를 쌓았습니다. 그는 1990년대 후반에 "나는 한국 시장이 침체 국면에 돌입했다고 생각한다. 투자자로서의 경험에 따라 나는 가장 비관적인 상황에서 주식을 매수해 왔다. 지난 몇 달 동안 한국 시장에는 비관적인 분위기가 팽배했다"고 밝힌 바 있죠.

모멘텀 전략에 관한 책도 빼놓을 수 없습니다

지금까지 저평가된 우량주에 장기투자함으로써 큰 성과를 내는 전략을 살펴보았다면, 다음은 모멘텀 전략을 다룬 책을 추천합니다. 가치투자의 장점은 경기의 변동에 큰 영향을 받지 않고 큰 성과를 낼 잠재력이 있다는 것이지만, 약점도 적지 않습니다. 아마 가장 큰 약점은 '시간이 오래 걸릴 수 있다'는 것입니다. 워런 버핏처럼 수년 혹은 수십 년을 기다리며 지분 전체를 인수하는 것처럼 투자하는 이는 그렇게 많지 않을 것이기 때문입니다. 따라서 이 전략을 기피하는 이들에게 모멘텀, 다시 말해 추세 추종 전략을 다룬 책이 도움을 줄 수 있습니다.

가장 먼저 추천할 책은 제시 리버모어의 일생을 다룬 책《어느 투자자의 회상》(2022, 탑픽)입니다. 그는 항상 "시장이 강세장인지 약세장인지 이야기하는 것을 주저하지 말라"고 이야기했습니다. 즉, 주가가 상승 방향인지 아닌지 추세를 판단해서 투자하는 것이 모멘텀 전략의 요체라 하겠습니다.

제시 리버모어의 모멘텀 전략을 잘 정리된 언어로 옮긴 책이《듀얼 모멘텀 투자 전략》(2018. 에프엔미디어)입니다. 추세를 추종한다는 것이 어떤 것이며, 또 어떤 신호가 나타났을 때 매수해야 하는지 그리고 개별 종목이 아닌 산업이나 국가를 대상으로 모멘텀 전략을 실행하는 것은 어떤지를 설명했다는 면에서 매우 도움이 되리라고 생각합니다.

탑-다운 투자 전략 책도 읽어야 합니다

한국처럼 글로벌 경기의 변동에 민감하게 움직이는 나라의 투자자들은 항상 경기의 변화 방향에 관심을 기울여야 합니다. 즉, 경기 여건의 변화를 파악한 후 주식에 투자하는 게 나을지, 아니면 해외 자산에 투자하는 게 나을지 고민해야 하죠. 이렇게 경기 여건에 대한 분석부터 시작해 산업이나 투자 스타일 그리고 개별 종목으로 내려오는 방식의 투자법을 '탑-다운 투자'라고 합니다.

탑-다운 투자를 위한 가장 기본적인 지식은 바로 '경제지표'에 관한 것으로, 이에 도움 되는 책 한 권을 소개합니다. 버나드 보몰 Bernard Baumohl의 책 《세계 경제지표의 비밀》(2022, 맑은글)은 미국을 비롯한 세계의 주요 지표에 관해 상세하게 설명한다는 측면에서 읽을 가치가 있습니다. 물론 미국 지표에 치중되어 있기는 합니다만, 미국 등 선진국 경기가 한국에 미치는 영향력이 크기 때문에 어쩔 수 없는 부분인 것 같습니다.

이어서 읽으면 좋은 책은 피터 나바로 Peter Navarro의 책 《브라질에 비가 내리면 스타벅스 주식을 사라》(2022, 에프엔미디어)입니다. 세계 경제에서 벌어진 다양한 사건이 각 산업의 주도 기업에 어떤 영향을 주는지 자세하게 설명했다는 면에서 읽기에 좋습니다. 저자 피터 나바로는 트럼프 행정부의 보호무역주의 정책을 총괄한 장관으로 유명하지만, 금융업계에서는 어려운 이야기를 쉽게 풀어 설명하는 능력이 뛰어난 저술가로 더 유명합니다.

마지막으로 한국에서의 탑-다운 전략에 관한 정보는 제가 쓴 《돈의 흐름에 올라타라》(2022, 스마트북스)를 통해 얻을 수 있습니다. 채찍의 손잡이를 조금만 흔들어도 채찍의 끝이 요동치듯, 선진국 경기의 변동이 어떤 식으로 우리 경제에 영향을 미치는지 파악할 수 있다는 면에서 읽을 만한 부분이 있으리라고 생각합니다.

투자자의 마음을 잡아주는 책도 읽어야 합니다

가치투자 및 탑-다운 투자 전략으로 성과를 거두면 좋지만, 그게 그리 쉽지는 않습니다. 왜냐하면, 우리만 공부하는 게 아니라 다른 이들도 치열하게 공부하고 또 고민하고 있을 것이기 때문입니다. 이런 면에서 주식시장은 '체급 제한이 없는 투기장' 같은 면이 있습니다. 제가 오늘 삼성전자를 매수했는데, 매도한 이가 워런 버핏일지도 모릅니다. 따라서 투자를 잘하려면 주식 공부뿐만 아니라, 투자의 자세를 잡아주는 책도 읽어야 합니다.

이럴 때 가장 도움이 되는 책이 앙드레 코스톨라니의 책 《돈, 뜨겁게 사랑하고 차갑게 다루어라》(2015, 미래의창)입니다. 유럽의 전설적인 투자자 앙드레 코스톨라니는 "일반적으로 투자자들은 주식시장에서 거래량이 늘어나면 늘어날수록 시장이 안정되어 간다고 믿게 된다. 그러나 실상 이 시기에 많은 주식들이 '큰 손'에서 '작은 손'으로 넘어가게 된다. 즉, 심리적으로 안정된 주식시장 참가자로부터 심리적으로 흔들리는 주식시장 참가자에게로 주식이 옮겨가는 것이다. 그리하여 모든 주식들이 작은 손들 속에 머물러 있게 되면, 주가 폭락은 곧바로 눈앞에 닥쳐오게 된다"고 일갈합니다.

코스톨라니의 책 다음으로 읽으면 좋은 것은 제이슨 츠바이크 Jason Zweig의 책 《투자의 비밀》(2021, 에이지21)입니다. 이 책은 인간의 마음이 투자에 얼마나 부적합한지를 다양한 사례를 통해 설명합니다. 예를 들어, 동전 던지기 비유를 인용해 보겠습니다.

동전 던지기를 한다고 하자. 여섯 번 던지며, 앞이면 H, 뒤면 T라고 표시하자. 만일 내가 던졌는데, HHHHHH가 나왔다. 당신의 눈이 둥그레질 것이며, 난 동전 던지기의 천재가 된 것인 양 어깨가 으쓱할 것이다. 그러나 진실은 훨씬 더 평범하다. 동전을 여섯 번 던질 때 HHHHHH가 나올 확률과 HTTHTH가 나올 확률은 같다. 양쪽 다 1/64의 확률이다. 그런데, 왜 우리는 한 사람이 HTTHTH가 나오면 무시하는 반면, HHHHHH가 나올 때는 놀라는가?

츠바이크는 인간은 단순한 패턴을 감지하여 해석하는 데 놀라운 능력이 있다고 지적합니다. 그 능력에는 원시의 조상들이 포식자들을 피하고, 식량 및 안식처를 찾아내고, 나중에는 적당한 때에 농작물을 심는 것을 가능하게 한 면이 있습니다. 그러나 투자의 경우, 패턴을 찾는 우리의 뿌리 깊은 습성 때문에 질서가 존재하지 않는 곳에 질서가 존재하는 것으로 가정하게 된다고 이야기합니다. 우리는 상승추세, 하락추세, 경기패턴 등에 관심을 가지지만, 이게 우연에 의해 벌어진 일일지도 모른다는 것도 한번 생각해 보자는 것이죠.

이렇게 투자에 관한 공부를 체계적으로 하다 보면, 이 책《투자에도 순서가 있다》의 가치를 새삼 느끼게 되리라 생각합니다. 적립투자가 왜 상대적으로 승률이 높은지, 왜 한 종목이나 자산에 올인하는 대신 다양한 자산에 분산투자해야 하는지를 투자 공부를 하면서 자연스럽게 배우게 될 것입니다. 부디 많은 분이 이 책을 통해 부를 쌓을 수 있기를 기원합니다.

참고문헌

프롤로그

1 〈서울경제〉(2019.12.12), "정비구역 해제 '민낯'…서울, 아파트 25만 가구 날렸다".

2 〈지지옥션〉(2022.3.8), "2022년 2월 지지 경매 동향 보고서".

1장 투자는 어떻게 시작해야 할까요?

1 〈서울경제〉(2022.4.13), "'오너만 유리한 합병'…동원산업 주가 폭락에 개미들 뿔났다".

2 어떤 상품의 가격 하락을 예상하고 매도함으로써, 수익을 얻는 전략에 대해서는 3장에서 더 자세히 다뤄진다.

3 KDI(2010.8.2), "click 경제교육 – 발틱운임지수".

4 〈머니투데이〉(2021.2.22), "美 금리 상승에 은행주보다 보험주 더 오르는 이유".

5 〈한국경제신문〉(2022.5.18), "손보사들 호시절 끝났나…자동차보험 손해율 급등".

6 〈주간경향〉(2021.2.26), "증권사 리포트, 왜 '매수' 일변도일까".

7 〈머니투데이〉(2013.11.20), "'응답하라 1994' 당시 시가총액 1위는?".

8 〈전자신문〉(2022.2.24), "한전, 지난해 영업손실 5조 8601억 원…역대 '최악'".

9 〈중앙일보〉(2021.1.7), "2000년 톱10 중 삼성전자만 남아⋯네이버·셀트리온·카카오 등 새 강자로".

10 〈조선비즈〉(2022.2.13), "미래에셋 BBIG 레버리지 ETF, 출시하자마자 수익률 '꼴찌'".

11 〈한국경제신문〉(2009.1.23), "獨 반도체업체 키몬다 파산".

12 NH투자증권(2009.3.11), "왜 풍력시장에 열광하는가".

13 〈한국경제신문〉(2021.10.5), "태양광 시장은 中 놀이터⋯한국 '글로벌 먹잇감' 됐다".

14 Itzhak Ben-David, Francesco Franzoni, Byungwook Kim, and Rabih Moussawi (2021), "Competition for Attention in the ETF Space", *Fisher College of Business Working Paper* No. 2021-03-001.

15 김민기(2022), "테마형 ETF의 성장과 위험요인", 〈자본시장포커스〉 2022-06호, 자본시장연구원.

16 〈중앙일보〉(2022.2.1), "0.001%, 무보수 시대 개막?⋯치열한 ETF 경쟁, 수수료도 포기".

2장 반반 투자 전략의 성과를 더 높일 방법은?

1 〈중앙일보〉(2021.8.8), "카뱅 1,350만 원 벌어 세금만 265만 원⋯해외주식 아닌데 왜".

2 한국거래소(2021.4.21), "최근 5년간 현금배당 법인의 시가배당률, 배당성향 및 주가 등락률 현황".

3 〈주간동아〉(2021.9.11), "세계 최저 수준 배당수익률, 한국증시 이 꼴로 만들었다".

4 〈뉴스핌〉(2021.9.1), "대기업 총수일가 지분 3.5% '쥐꼬리 경영'⋯대방건설·GS·호반·신세계 '사각지대' 가장 많아".

5 한국거래소(2022.4.4), "유가증권시장 12월 결산법인 2021사업연도 결산실적".

6 〈국세신문〉(2015.10.13), "한국기업 배당성향 세계 '꼴찌' 수준".

7 〈조선비즈〉(2022.7.21), "고가주택 기준 '12억' 통일…1주택자 세금 기준 합리화" 평가".

8 〈연합뉴스〉(2017.9.29), "'0.001%' 초저금리 시대…일본인에게 인기 있는 투자법".

9 〈연합뉴스〉(2008.10.2), "'가용 외환보유액' 충분한가".

10 대외경제정책연구원(2015.9.30), "중국 위안화 평가절하 배경과 전망"

3장 돈을 빨리 모으는 방법이 없을까요?

1 〈뉴스핌〉(2021.3.23), "골프장 이용료, 폭등세 지속…"그린피 규제 등 필요"".

2 주택도시기금, "청년전용 버팀목전세자금".

3 '중소기업취업청년 전월세보증금대출'의 조건은 더 엄격해, 외벌이 기준 연 소득 3,500만 원 이하로 국한된다.

4장 홍춘욱의 투자 철학은?

1 박진모(2009), "공정공시제도의 현황 및 개선점에 대한 논의", 〈상장〉 2009년 9월호, 상장사협의회.

2 〈한국경제신문〉(2022.7.19), ""제발 사주세요" 구매자들 아우성…NFT '끝없는 추락'".

5장 주식가격의 천장과 바닥을 예측할 수 없나요?

1 〈조선비즈〉(2022.1.10), "새해 시작하자마자 급증하는 반대매매…매일 200억씩 강제 매각당했다".

2 〈중앙일보〉(2022.5.2), "'투자처 없다'던 버핏, 1분기 주식 64조 원 샀다.

3 〈조세일보〉(2020.1.7), "주식거래량 늘면 '큰손'에서 '작은손'으로 넘어가".

4 게리 안토나치(2018), 《듀얼모멘텀 전략》, 43쪽, 에프엔미디어.

5 홍춘욱(2016), "'모멘텀' 전략, 한국에도 유효한가", 키움증권 리서치센터.

6 리처드 코너스·워런 버핏(2017), 《워런 버핏 바이블》, 45쪽, 에프엔미디어.

7 〈중앙일보〉(2019.11.3), ""투자할 데 없어"…워런 버핏의 버크셔 사상 최대 150조 현금 보유".

8 웨슬리 그레이·잭 보겔(2019), 《퀀트 모멘텀 투자 기법》, 78쪽, 에이콘출판사.

9 웨슬리 그레이·잭 보겔(2019), 《퀀트 모멘텀 투자 기법》, 78쪽, 에이콘출판사.

10 〈한겨레신문〉(2022.1.19), "LG엔솔 청약에 114조 원 몰려 '역대 최대'".

11 하이투자증권(2021.10.26), "카카오페이와 코스피200 지수 특례편입 사례 분석".

12 조병문·이상빈(2015), "의무보호예수제도 변천에 따른 실증분석과 이에 근거한 합리적인 방안 도출: 최대주주를 중심으로", 〈한국증권학회지〉 제44권 1호, 247~286쪽.

13 제러미 시겔(2003), 《투자의 미래》, 135쪽, 이레미디어.

14 SK증권(2022.2.11), "LG 에너지솔루션: 올해는 성장하기 위한 발판이 되는 해".

15 〈조선비즈〉(2022.8.20), "올해 주가 반토막 카뱅, KB도 팔고 떠났다…울고 싶은 77만 개미들".

16 조병문·이상빈(2015), "의무보호예수제도 변천에 따른 실증분석과 이에 근거한 합리적인 방안 도출: 최대주주를 중심으로", 〈한국증권학회지〉 제44권 1호, 247~286쪽.

6장 미국 주식에 투자하면 어떨까요?

1 다음 링크로 접속하면 당시에 달린 댓글을 볼 수 있다. https://youtu.be/7-syW6n7oOg

2 Peter Alan Brous(1992), "Common Stock Offering and Earning Expectations: A Test of the Release of Unfavorable Information", *The Journal of Finance*. Vol. 47, No. 4(Sep., 1992), pp.1517~1536.

3 *The Irrelevant Investor*(2022.1.11), "Lessons From the Tech Bubble".

4 〈아시아타임즈〉(2021.10.18), "크래프톤, 1조 원 추산 성수동 이마트 본사 사옥 매입…"복합문화공간 조성"".

7장 미국 주식과 한국 주식을 적기에 갈아타면 어떨까요?

1 BRICs란 브라질(Brazil), 러시아(Russia), 인도(India), 중국(China) 네 나라의 알파벳 첫 글자를 따서 만든 조어로, 신흥시장의 붐을 상징하는 용어다.

2 고봉찬·김진우(2007), "애널리스트 이익예측의 정확성과 추천종목의 수익성", 〈증권학회지〉 제36권 6호, 1009~1047쪽.

3 〈연합뉴스〉(2022.5.5), "터키, 4월 물가상승률 70% 육박…에르도안 '금리인하 정책' 고수".

8장 한국과 미국 주식 말고 투자하기 좋은 시장은 없나요?

1 *Bloomberg*(2022.3.24), "Putin's War to Wipe Out 15 Years of Russian Economic Growth".

2 〈한겨레신문〉(2020.11.13), "앤트그룹 상장 중단, 마윈에 격노한 시진핑이 직접 결정".

3 〈한겨레신문〉(2021.12.13), "디디추싱 미 증시 철수, 자본시장 '분리' 신호탄인가".

4 〈매일경제〉(2021.12.3), "뉴욕증시 간 中디디추싱…시진핑 압박에 상장폐지".

5 *Bloomberg*(2021.4.6), "Bloomberg Innovation Index 2021".

6 〈중앙일보〉(2018.9.2), "[통계 조작의 유혹①] 그리스 8년 걸린 구제금융…시작은 '통계 조작' 이었다".

7 〈전자신문〉(2014.11.7), "속살 보인 조세피난처 '룩셈부르크발 탈세리포트'".

8 OECD Data, "Multifactor productivity".

9 〈조선비즈〉(2012.7.20), "[경제기사야 놀~자] 주식예탁증권(DR·Depositary Receipt)은 무엇이고, 주식과 어떻게 다른가요?".

9장 정부가 바뀌면 경제는 어떤 영향을 받나요?

1 벤 버냉키(2014), 《벤 버냉키, 연방준비제도와 금융위기를 말하다》, 40~41쪽, 미지북스.

2 라이지엔청(2010), 《경제사 미스터리 21》, 186~190쪽, 미래의창.

3 MBC(1998.2.4), "경제위기 속에 고아 아닌 고아 증가".

4 〈한국경제신문〉(2019.1.27), "'한 나라 두 대통령' 베네수엘라 혼돈…"20년 퍼준 '차베스 복지' 결과"".

10장 한국 부동산, 너무 비싼 것 아닌가요?

1 조태형·최병오·장경철·김은우(2015), "우리나라의 토지자산 장기시계열 추정", 〈BOK 경제리뷰〉.

2 Òscar Jordà, Katharina Knoll, Dmitry Kuvshinov, Moritz Schularick, Alan M Taylor(2019), "The Rate of Return on Everything, 1870−2015", *The Quarterly Journal of Economics*, Volume 134, Issue 3, August 2019, pp.1225~1298.

3 서울 정보소통광장, "주택 용도별 차이점과 기준(단독, 다가구, 다세대 등 구분)" 항목.

4 통계청(2020.6.29), "최근 20년간 수도권 인구이동과 향후 인구전망".

5 〈조선일보〉(2021.7.27), "서울 아파트 '입주 절벽'…2년 후 3분의 1로 줄어든다".

6 K-apt 공동주택관리 정보시스템.

7 국토교통부(2017.8.2), "실수요 보호와 단기 투기수요 억제를 통한 주택시장 안정화 방안".

8 〈매일경제〉(2021.6.17), "'10억 로또' 원베일리, 청약통장 3만 6천 개 몰렸다".

9 〈중앙일보〉(2018.6.12), "[틴틴 경제] 재건축 부담금이 뭔가요?".

11장 아파트 매매 타이밍은 어떻게 잡나요?

1 DBR(2009.3), "외환은행 논란 뒤에 숨은 진실".

2 〈매일경제〉(2014.9.1), "[9·1대책] 대규모 공공택지 지정 중단된다".

3 〈아주경제〉(2013.9.11), "박근혜정부 최대 '수혜자' 6억 원 이하 미분양이 좋다".

4 〈매일경제〉(2021.6.13), "서울 아파트 17% 30년 넘어…50년 이상 173개 동".

5 대한민국 정책브리핑(2007.3.2), "실록 부동산정책 40년 "어중간하게 150만 호가 됩니까"".

6 〈서울경제〉(2017.7.4), "[만파식적] 바닷모래 파동".

7 〈서울경제〉(2021.3.10), "'투기 교과서'된 LH 사태…희귀수종·맹지투자·대토보상까지".

8 〈파이낸셜뉴스〉(2021.11.14), "3기 신도시 토지보상 완료 한곳도 안돼…입주 차질 우려".

9 대한민국 정책브리핑(1992.4.9), "[88~91년(年) 4년간 주택 200만 호(戶) 건설] 지난 40년간 건축분(建築分) 26% 차지".

12장 부동산 시장에 대한 예상이 빗나갈 때를 대비하는 방법은 없나요?

1 〈조선비즈〉(2022.2.3), "삼성증권 "맥쿼리인프라, 금리 인상기 최적의 투자처…투자의견 매수 유지"".

2 정확하게 말하자면, 가격만 비슷하게 움직였다고 보아야 한다. 미국은 월세시장이 잘 발달되어 '임대료' 수입을 성과에 반영하기 쉽지만, 한국은 전세의 간주임대료를 이용해 계산하는 과정에서 오차가 발생할 수 있기 때문이다.

3 금융감독원(2022.3), "22.2월 중 외국인투자자 증권매매동향".

4 국회예산정책처(2012.2), "보금자리주택사업 평가".

5 〈한경집코노미〉(2013.1.8), "보금자리주택 공급 중단 왜…민간 분양시장 침체 불러…임대로 전환".

6 군터 뒤크(2009), 《호황의 경제학 불황의 경제학》, 53~55쪽, 비즈니스맵.

7 여기서 시가총액(market value)이란, 발행 주식 수에 주가를 곱한 것을 뜻한다. 예를 들어, 2022년 4월 1일 삼성전자 시가총액이 412조 원은 상장주식 59억 7천

만 주에 주가 6만 9천 원을 곱한 값이다.

8 케이스-쉴러 전미주택가격지수(The S&P CoreLogic Case-Shiller Home Price Indices)는 예일대학교의 로버트 쉴러 교수가 개발한 주택가격 측정 기법을 활용해, 스탠더드앤드푸어스사가 개발하는 지표로 1987년 이후 월별 데이터가 제공된다.

13장 빚내서 투자하는 것에 대해 어떻게 생각하세요?

1 〈매경프리미엄〉(2021.6.19), "'100만 원이 270억 원 된다'…워런 버핏의 '20.3% 마법'".

2 주택금융공사 홈페이지.

3 CPPIB9(2021.5.20), "2021 Annual Report".

4 통계청(2021.11.25), "2019년 국민이전계정".

5 통계청(2021.11.25), "2019년 국민이전계정".

6 시세 3억 원대의 주택을 보유한 1962년생 독신 남성을 기준으로 산출한 값이다.

7 예를 들어, 하나금융투자는 2022년 3월 말 기준 주식담보대출을 금리 3.95%에 제공하고 있다.

8 보수적인 포트폴리오이기에 만기가 계속 연장되었다고 가정했다.

9 연합인포맥스(2022.3.8), "국내투자자 미국 주식 투자 상위 종목".

15장 물가가 급등하면 어떻게 투자해야 할까요?

1 〈한국일보〉(1992.6.18), "교육보험/월 5만 원으로 자녀교육비 걱정 "끝"(생활금융)".

2 TLT(iShares 20 Plus Year Treasury Bond ETF)에 대한 더 자세한 설명은 다음 링크를 참고하라. https://etfdb.com/etf/TLT/#etf-ticker-profile.

3 〈연합뉴스〉(2020.4.22), "거래소, 4천300억 원유 ETN에 "상장폐지 전액손실 가능성" 경고(종합2보)".

4 정확한 인용은 아니고, 그의 주장 중 핵심을 인용한 것으로 볼 수 있다.

16장 '노후 자금의 인출은 어떻게 해야 할까요?

1 KB 경영연구소(2021.11), "2021 한국 부자 보고서".

2 〈연합뉴스〉(2022.5.10), "국민연금 월 최고수령액 246만 원…평균은 57만 2천 원".

3 통계청(2021.12.1), "2020년 생명표(전국 및 시도)".

4 통계청·금융감독원·한국은행(2021.12.16), "2021년 가계금융복지조사 결과".

5 통계청(2021.12.1), "2020년 생명표(전국 및 시도)".

6 통계청(2022.3.24), "2021 한국의 사회지표".

7 〈중앙일보〉(2022.1.3), "자녀 무상증여 한도 5000만 원? 발빠른 부모는 1억 4000만 원! [부모탐구생활]".

이코노미스트 홍춘욱
투자에도 순서가 있다

1판 1쇄 인쇄 2022년 9월 1일
1판 1쇄 발행 2022년 9월 25일

지은이 홍춘욱

발행인 양원석
편집장 박나미 **책임편집** 김율리
영업마케팅 김용환, 이지원, 정다은, 전상미

펴낸 곳 ㈜알에이치코리아
주소 서울시 금천구 가산디지털2로 53, 20층 (가산동, 한라시그마밸리)
편집문의 02-6443-8862 **도서문의** 02-6443-8800
홈페이지 http://rhk.co.kr
등록 2004년 1월 15일 제2-3726호

ISBN 978-89-255-7750-0 (03320)